『信仰的力量』丛书

风雨百年雨花魂

雨花英烈斗争剪影

南京市雨花台烈士陵园管理局
雨花台红色文化研究院
编著

南京出版传媒集团
南京出版社

图书在版编目（CIP）数据

风雨百年雨花魂：雨花英烈斗争剪影 / 南京市雨花台烈士陵园管理局, 雨花台红色文化研究院编著. -- 南京：南京出版社, 2023.3

ISBN 978-7-5533-4105-7

Ⅰ. ①风… Ⅱ. ①南… ②雨… Ⅲ. ①革命烈士 - 生平事迹 - 中国 - 现代 Ⅳ. ①K827=6

中国国家版本馆CIP数据核字（2023）第012775号

丛 书 名：信仰的力量
书　　名：风雨百年雨花魂——雨花英烈斗争剪影
作　　者：南京市雨花台烈士陵园管理局
　　　　　雨花台红色文化研究院
出版发行：南京出版传媒集团
　　　　　南京出版社

社址：南京市太平门街53号　邮编：210016
网址：http://www.njcbs.cn　电子信箱：njcbs1988@163.com
联系电话：025-83283893、83283864（营销）　025-83112257（编务）

出 版 人：项晓宁
出 品 人：卢海鸣
责任编辑：金　欣
装帧设计：张　淼
责任印制：杨福彬

排　　版：南京新华丰制版有限公司
印　　刷：江苏凤凰通达印刷有限公司
开　　本：787 毫米 × 1092 毫米　1/16
印　　张：11
字　　数：131千字
版　　次：2023年3月第 1 版
印　　次：2023年3月第 1 次印刷
书　　号：ISBN 978-7-5533-4105-7
定　　价：40.00 元

用微信或京东APP扫码购书

用淘宝APP扫码购书

“信仰的力量”丛书

主　　编　刘　斌

副 主 编　杨永清

本书编写人员

向媛华　李子俊　方晓燕　唐阿兰

曹晋丽　李　勇　郭　蕊　赵　瑱

裴清芝　刘志亮　董元泉　徐霞翔

刘　璐　何妍娇　郑凯利　房亚萍

赵杨娟　莫佳思　谢亚芳　许紫筠

永远赓续雨花英烈的革命精神

（代序）

《风雨百年雨花魂——雨花英烈斗争剪影》叙述的是雨花英烈奋斗一生中的光辉瞬间，展示的是伟大建党精神的强大力量和生动实践，蕴含的是中国共产党人为中国人民谋幸福，为中华民族谋复兴的奋斗历程和心路历程。

世界上没有哪个党像我们这样，遭遇过如此多的艰难险阻，经历过如此多的生死考验，付出过如此多的惨烈牺牲。从1921年至1949年，牺牲的全国有名可查的革命烈士达370多万人，这其中就有成千累万牺牲在雨花台的革命先烈。他们以漫长革命进程中前赴后继的牺牲、特殊险恶环境中无所畏惧的斗争、严酷铁窗炼狱中不改信仰的忠诚成就了中国革命胜利的千秋伟业，展示了中国共产党筚路蓝缕奠基立业的苦难和辉煌。

中国共产党的先驱们创建了中国共产党，形成了坚持真理、坚守理想，践行初心、担当使命，不怕牺牲、英勇斗争，对党忠诚、不负人民的伟大建党精神，这是中国共产党的精神之源。雨花英烈的革命精神，以崇高理想信念、高尚道德情操、为民牺牲的大无畏精神为其深刻内涵和主要特征，谱写了忠诚践行伟大建党精神的理想之歌、奋斗之歌、生命之歌。他们在生死斗争和艰苦奋斗中的所思所想、所言所行的一点一滴，为伟大建党精神提供了雄辩的实践阐释和有力的历史证明。他们的光辉名字，深深嵌入了党的历史、嵌入了南京这座英雄的城市，成为不朽的记忆，永驻人心，长留天地。

选择和展示雨花英烈奋斗一生中的光辉瞬间，是为了唤起对革命年代的历史记忆和对伟大建党精神的深刻感悟，是为了在革命烈士身上汲取政治营养和精神动力，更是要引发这样的思考：“在我国这样一个14亿人口的国家实现社会主义现代化，这是多么伟大、多么不易！”，进而更加自觉地学习和践行雨花英烈的革命精神，弘扬光荣传统、赓续红色血脉，永远把伟大建党精神继承下去、发扬光大，走好实现第二个百年奋斗目标新的赶考之路，在新时代新征程上展现新气象新作为。

（赵一心）

目录

张霁帆："只猛勇地向前"

"注意养成一种向前干的精神，不回顾一切的既往，不忧虑一切的将来……只猛勇地向前，专心致意于'现在'，一点不放松的干去。"这是张霁帆在1925年写给十哥的信，字里行间满是对党和革命事业的忠贞和热忱。

张霁帆是四川宜宾人。1921年春，他以优异的成绩考入川南师范学校。同年11月，恽代英受聘至该校任教务主任，次年任校长。

在恽代英的影响下，张霁帆一边勤勉学习，一边积极参加恽代英发起的"读书会""学行励进会"等进步组织。翌年5月，恽代英在泸州组建社会主义青年团组织，张霁帆在恽代英的介绍下，第一批被发展入团。作为四川最早的团员之一，他义无反顾地走上反帝反封建的革命道路。

张霁帆（1901—1926）

1923年初，张霁帆随恽代英来到成都，并秘密与成都社会主义青年团组织的领导人王右木联络，投入成都革命斗争。凭着忠于革命事业的信念和领导青年运动的才华，张霁帆很快赢得了组织的信任和团员的拥戴。1923年7月起先后担任团成都地委代理书记、委员长。

1924年8月，张霁帆以川南学生代表的身份出席在上海召开的全国学联第六次代表大

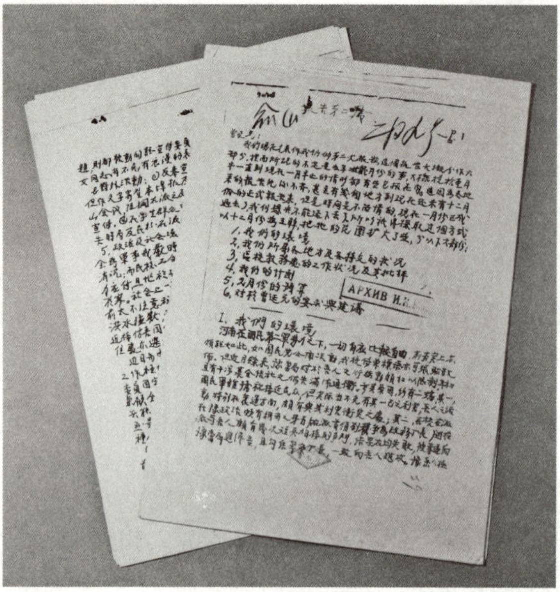

1926年，张霁帆在中共豫陕区执委工作时写给党中央的报告

会，见到了分别已久的恩师恽代英。他向恽代英汇报了自己的思想和工作状况，并加入中国共产党。

会后，张霁帆被党组织派往南京，任团中央创办的南京钟山中学教员，并秘密从事南京团地委工作。他针对南京地委实际，积极开展工作，使南京团组织得到发展壮大。

1926年3月，张霁帆被党组织委任为中共豫陕区执委委员。他深入豫西农村，广泛发动群众，组织农会，引导“红枪会”开展斗争实践，使豫西的农民运动有较大发展。

长期艰苦紧张的革命生活，使张霁帆沉疴在身，但他却始终将个人安危置之度外。他曾在家书中写道：“我原拟新年中赴南京养病，惟因战争患难之际，不便弃人而独就逸地……”

1926年8月，张霁帆在前往上海向党中央汇报工作返程河南途中，被军阀孙传芳部逮捕，解来南京。在狱中，他遭受了种种折磨，敌人不给他食物和水，生病也得不到治疗，不久后牺牲。

金佛庄：黄埔军校最早的共产党员之一

1992年，浙江东阳中学在校内树立了一座纪念碑，上面是聂荣臻元帅题写的八个大字——“金佛庄烈士纪念碑”。这是为了纪念该校杰出校友金佛庄烈士。

1918年，金佛庄考入保定陆军军官学校。之后，他深受五四运动的影响，和许多爱国青年一样，如饥似渴地学习研究新思潮、新学说，探求人生的意义和救国救民的真理。他研究过很多派别的思想，经过一番比较，终于认识到只有马克思主义能够救国救民。

1922年，金佛庄加入中国社会主义青年团。同年秋，转为中国共产党党员，是杭州最早的3位党员之一。1923年6月，中国共产党第三次全国代表大会在广州召开，金佛庄作为浙江代表参加会议。

金佛庄（1897—1926）

金佛庄能文能武，党组织很重视他的才干。1924年初，国共第一次合作得以实现，中国共产党积极协助孙中山创办黄埔军校，培养新型革命军事人才，金佛庄受党组织委派去广州参加黄埔军校的创建工作。同年，金佛庄在理论刊物《新建设》杂志上发表文章《军官的心理》，提出建设新型革命军队的想法。在黄埔军校，金佛庄充分发挥才干，深受军校党代表、国民党左派领袖之一

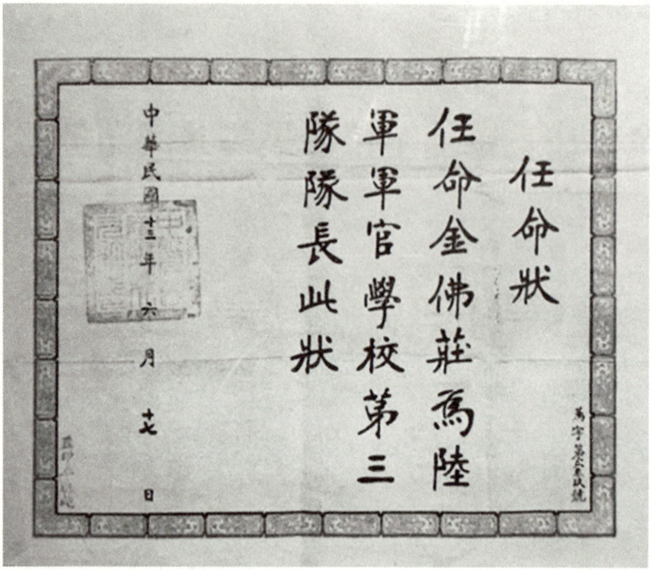
任命狀

任命金佛莊為陸軍軍官學校第三隊隊長此狀

中華民國十三年六月十七日

1924年6月，金佛庄被任命为黄埔军校第一期学生队第三队队长的委任状

的廖仲恺的器重。

1926年，国民革命军决定北伐，建立了总司令部，金佛庄被任命为总司令部参谋处副处长，不久又被任命为总司令部警卫团少将团长。北伐战争前期，他一直随总司令部指挥机构行动，转战广东、湖南、江西等地。同年秋，江西省会南昌战局反复。总司令部率增援部队从两湖转入江西“督师”。在进攻南昌外围的战役中，金佛庄指挥警卫团和临时划归他指挥的部队，作为总预备队的一支突击主力，直指前沿阵地，扭转战争形势。金佛庄为北伐军攻克南昌立下了赫赫战功，但也因此遭到孙传芳部的仇视。

1926年12月，金佛庄受密令到上海、杭州等地，对直系军阀江浙地方部队开展策反工作。他从九江乘轮船东下时，由于行踪泄露，在南京下关码头被北洋军阀孙传芳部逮捕。经多方斡旋未果，当月金佛庄被秘密杀害。

赵文秀：为“天下人之幸福”

在山东省青州市博物馆里，有一件特殊的文物静静地“躺”在陈列柜中。这件特殊的文物是一位青年学子在20世纪20年代的一本日记簿，记载了他由进步知识分子成长为坚定共产主义战士的历程。日记的主人，就是雨花英烈赵文秀。

赵文秀，1904年出生于山东省益都县（今青州）魏家庙村。他自幼聪慧，勤奋好学。1919年，他考入益都县东关高等小学，此时五四运动洪流席卷益都，赵文秀深受影响，此后他满怀激情地投入到益都反帝爱国运动中，积极参加抵制日货等斗争。

1922年秋，赵文秀考入位于益都县城的山东省立第十中学。赵文秀入学不久，中共济南支部派遣共产党员王翔千前往省立十中，以教员身份发展党员，扩大革命力量。王翔千在课堂中积极引导学生阅读进步书刊，接受马克思主义教育。在王翔千影响下，赵文秀的眼界日益开阔，他立志投身改造社会和救国救民的心情愈加急切，并加入了当时的进步团体——青州平民学会。

赵文秀（1904—1927）

在赵文秀该时期留下的日记中，可以看到一个追求进步、思想活跃的青年学生的形象，更能看到一个心忧天下、勇于斗争的革

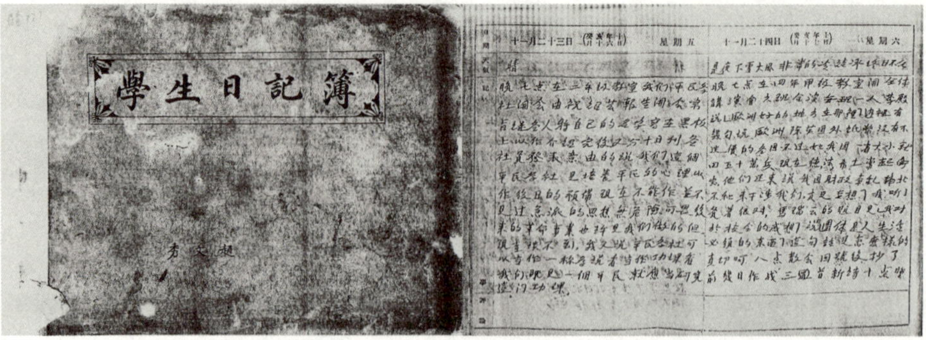

赵文秀初中时写的日记，记载了他在青州平民学会的活动经历。

命者的形象。

1923年，经王翔千介绍，赵文秀加入中国社会主义青年团。同年8月，赵文秀被推荐为团青州特别支部的组织委员。为了发展革命力量，他广泛接触青年，引导周围青年走上革命道路，并对同村同学说：“一旦我们的事业成功，天下人之幸福也，你我之幸福也。”

1925年1月，中共青州特别支部建立，赵文秀转为中共党员。1925年6月，赵文秀在省立十中毕业，随后被党组织派往青岛从事革命工作。在青岛，赵文秀同敌人进行过多次斗争，表现出大无畏的革命精神。然而，时隔不久，由于身份暴露，赵文秀不得不离开青岛，前往南方工作。

1926年初，根据党组织安排，赵文秀来到南京浦口从事工人运动。他集中精力发展壮大党、团力量，秘密筹建南京市总工会，成立浦口工人纠察队，积极策应北伐军光复南京。1927年3月24日，北伐军胜利光复南京，赵文秀率领工人武装纠察队配合北伐军作战，在激战中壮烈牺牲，时年23岁。

成律：临刑前，写遗书捐出遗体和家产

“我的尸首不要安葬，敬赠苏州博习医院医生我的盟兄李穆圣解剖，以便深研医学。”“百年后家产交公管，每年送男一女一的农科大学生，以完儿志。”在雨花台烈士纪念馆展陈中，有这样一段令人动容的文字，这是成律牺牲前所写遗书的一部分。

成律，1901年出生，湖南宁乡人，1925年入国立东南大学农科学习。进入东南大学后，成律既刻苦读书，又十分关心国家命运。面对疮痍满目的祖国，他感慨万千：中国只有全民革命，才可以救亡。为了打倒列强，打倒军阀，在当时国共合作的大背景下，他参加了国民党。为了研究革命理论，团结更多的人从事反帝反封建斗争，他参加了知行社、协群社等群众性进步组织，积极投身革命工作。

成律（1901—1927）

1927年春，北伐军胜利的消息不断传来，面对轰轰烈烈的工人、学生运动和势如破竹的北伐大军，作困兽之斗的直鲁联军头目褚玉璞为了死守南京重镇，开始镇压革命党人与进步群众，一时血雨腥风笼罩整个南京城。成律冒险回到南京，在军阀政府的白色恐怖下英勇斗争。他由于活动频繁而暴露了身份，许多同志劝他回湘暂避，他总以“党务重要，死不足惜也”婉言相却。

为纪念成律等烈士，东南大学师生在校园内建立纪念碑

1927年3月11日，东南大学浴室旁，一枚炸弹“轰”的一声炸响。几天后，军阀褚玉璞借口调查爆炸事件，调重兵将东南大学重重包围，进行野蛮搜查，企图全面抓捕革命学生。成律宿舍内被查出有进步书刊和宣传品，成律和同学因此被捕，被囚禁于南京第一陆军监狱。

在狱中，成律书写了致父母、妻子、同志们的遗书，从容地安排自己的后事。1927年3月17日，北伐军逼近南京城，准备逃窜的褚玉璞下令处死成律等人。临刑前，成律怒斥封建军阀的种种暴行，坚决不肯下跪，表现出了一位革命志士视死如归的英勇气概。东南大学师生为了纪念成律等烈士，在校内1500多“岁”的古树六朝松下建立烈士纪念碑，象征着烈士的精神如同六朝松一样，长存不朽。

谢文锦："向着光明走"

"同志们，向太阳，向自由，向着光明走！同志们，黑暗已消灭，曙光在前头！"20世纪20年代的一个隆冬天，莫斯科东方劳动者共产主义大学中国班留学生宿舍里，经常传出一阵阵激昂的歌声，这是列宁生前十分喜爱的俄文歌曲《光明赞》。而带领同学们用中文高唱歌曲的，就是《光明赞》的译者之一——谢文锦。

1920年，上海早期党组织和团组织相继诞生，组织创办外国语学社，主要输送革命青年去苏俄学习，为中国共产党准备革命干部。通过党组织成员介绍，这里汇聚了一批来自湖南、浙江、安徽等地的进步青年，其中包括谢文锦烈士。

谢文锦出生于浙江永嘉，毕业于浙江省立第一师范。在新思想新文化的影响下，谢文锦赴上海探索真理。在上海外国语学社，谢文锦和同学一起学习马克思主义理论著作，接受俄文等语言培训，参与工人运动。

谢文锦（1894—1927）

1921年春，谢文锦与刘少奇等上海外国语学社20多名青年团员，分批启程赴莫斯科。他们越过重重关卡及封锁，最终顺利抵达心中的灯塔圣地。正如萧劲光所回忆："那时'俄国'是希望和光明的象征……我

谢文锦在上海外国语学社学习期间与同学的合影，谢文锦（后排右）、罗亦农（前排左）、俞秀松（后排中）

们就是怀着这样的救国救民的革命抱负，踏上赴俄学习的漫长旅途的。”谢文锦与刘少奇、萧劲光等人成为莫斯科东方大学中国班第一期学生。

莫斯科东方大学是20纪20年代初俄共（布）创办的一所专门培养革命干部的政治大学，为世界共产主义运动输送革命火种。在此，谢文锦系统学习马克思列宁主义理论知识，对国际形势、国内政治有了更透彻的判断分析。1922年，谢文锦在莫斯科正式加入中国共产党，成长为一名坚定的共产主义战士。

1924年6月，谢文锦和同学带着丰硕的革命“火种”，坐上回国的列车，穿越西伯利亚，投身国内革命浪潮，直至1927年4月牺牲。他参与翻译的《光明赞》，也跨越国界，穿梭时空，成为鼓舞一代代革命者前赴后继的铿锵战歌。

侯绍裘：渊渊乎君子人哉

“君赋性仁爱，平易近情，临大节则毅然不可夺。其为人也，俭于持躬，而厚于遇友，怀才而不伐，负责而不兢，渊渊乎君子人哉！顾反动者流辄深忌之，恒欲得而甘心。”1938年，柳亚子撰文，深情怀念故友侯绍裘。

1918年，侯绍裘考入上海工业专门学校。在校期间，他积极投身五四爱国运动，组织参与游行示威，开办义务学校，招收附近工人入学，宣传新思想。

1921年夏，侯绍裘回到家乡松江，和老师朱季恂一起接办面临停办的景贤女子专修学校，改名为景贤女子中学。学校实行改革，提倡妇女解放，婚姻自由。侯绍裘连续邀请恽代英、萧楚女等知名人士到景贤女子中学演讲，使得该校成为各种进步思想活跃的阵地。

侯绍裘（1896—1927）

1923年4月，侯绍裘与朱季恂等人创办《松江评论》，旨在介绍新思想，促进社会进步。同年，他加入中国共产党。他在该刊发表《我们该做怎样的青年》一文中写道：“要认定一个人不是为一己而生，是为社会为人类而生，以最大多数之最大幸福为人生的最终目的最终责任，而以尽此责任

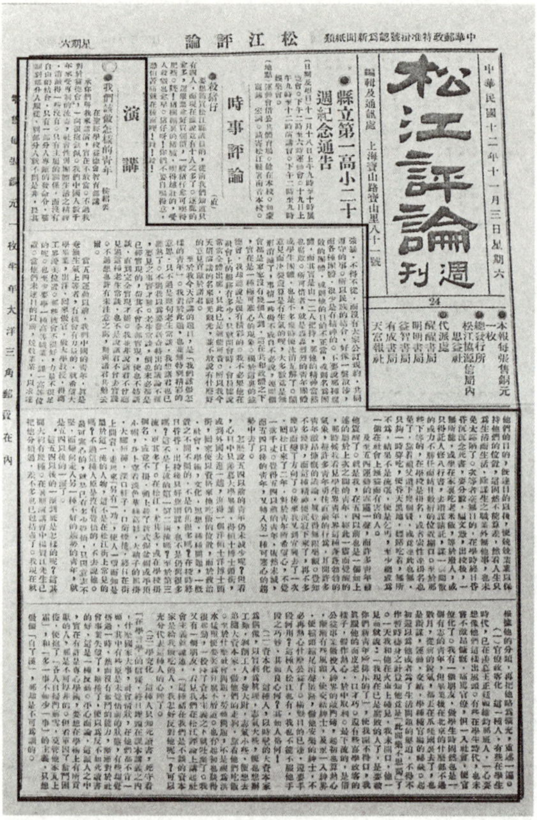
松江評論 週刊

中華民國十二年十一月三日星期六

時事評論

演講

我們該做怎樣的青年 侯紹裘

1923年，侯绍裘在《松江评论》杂志上发表的文章《我们该做怎样的青年》

为乐。”

1925年8月，在国共合作的大背景下，国民党江苏省党部在上海正式成立，柳亚子、朱季恂、侯绍裘等人任常务委员。9月，侯绍裘任该部中共党团书记。在侯绍裘等人的领导下，国民党江苏省党部坚决拥护孙中山的三大政策，旗帜鲜明地反对国民党右派的反动行动，为第一次国共合作做出积极贡献，但也被国民党右派所仇恨。

1927年4月9日，蒋介石在上海阴谋布置暴力“清党”计划。国民党右派指使流氓打手捣毁由共产党主导的国民党江苏省和南京市党部。10日深夜，侯绍裘出席中共南京地委召开的紧急扩大会议，商议反蒋对策。凌晨两点，会场遭到武装特务包围，侯绍裘等10人被捕。

几天后，得到密令的刽子手残酷地将侯绍裘活活捅死，把尸体抛进了秦淮河。

刘重民："要救中国，只有革命"

"要救中国，要救我们自己，只有革命，只有打倒帝国主义的经济压迫，而且为大多数贫苦农工的利益，根本改正中国的经济现状。"这是刘重民1925年在《中国青年》上发表的《中国经济状况》中讲述的一段文字。他的呼吁点醒了当时许多鼓吹帝国主义不会压迫中国，中国没有资本家的人，揭露了帝国主义资本家及其在中国的代理人企图欺骗人民的阴谋。

刘重民，1902年出生于江苏江都，年幼时跟随父亲迁居南京。少年时期，刘重民在传统私塾教育和新学思想的双重影响下，逐渐成长为具有浓厚家国情怀的爱国少年。1922年秋，刘重民考入金陵大学，攻读文科专业。当时，南京的青年学生与全国青年学生一样，纷纷成立社团，以寻找志同道合者。次年10月，在与众多社团接触后，刘重民最终选择加入中国社会主义青年团，正式走上革命道路。

刘重民（1902—1927）

南京团组织十分重视马克思主义思想的传播，经常组织团员阅读革命书籍、报刊，探讨革命理论。刘重民在大量阅读中，对马克思主义产生浓厚兴趣，很快投身实践。1923年底，在恽代英、杨贤江的鼓励下，刘重民在南京创办"钟山中学"。学校以培养

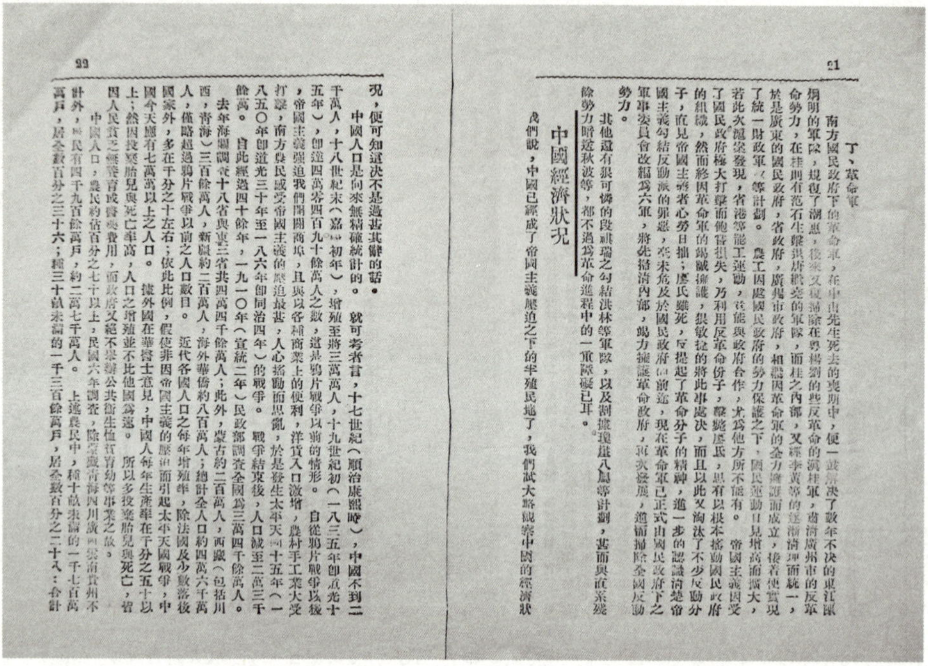

21

丁、革命軍

南方國民政府下的革命軍，在中山先生死去的短期中，便一鼓解決了數年不决的東江陳炯明的軍隊，規復了潮惠，後來又復掃除在粵楊劉的些反革命的滇桂軍，肅清廣州市的反革命勢力，在桂則有范石生驅逐唐繼堯的軍隊，而桂之內部，又經李黃等的逐漸清理而統一，於是廣東的國民政府，省政府，廣州市政府，相繼因革命軍的全力擁護而成立，接着便實現了統一財政軍政等計劃。農工因處國民政府的勢力保護之下，國民運動日見增高而擴大，若此次罷[illegible]發現，省港等罷工運動，尤能與政府合作，尤為他方所不能有。帝國主義因受了國民政府極大打擊而俺嘗損失，乃利用反革命份子，聯絡廖氏，思有以根本搖動國民政府的組織，然而終因革命軍的竭誠擁護，很敏捷的將此事處決，而且以此又淘汰了不少反動分子，直見帝國主義者心勞日拙；廖氏雖死，反提起了革命分子的精神，進一步的認識清楚帝國主義勾結反動派的罪惡，並未危及於國民政府的前途，現在革命軍已正式由國民政府下之軍事委員會改編為六軍，將先肅清內部，竭力擁護革命政府，再次發展，進而掃除全國反動勢力。

其他還有很可憐的段祺瑞之勾結洪林等軍隊，以及割據[illegible]八屬等計劃，甚而與直系殘餘勢力暗遊秋波等，都不過為革命進程中的一重障礙已耳。

中國經濟狀況

我們說，中國已經成了帝國主義壓迫之下的半殖民地了，我們試大略觀察中國的經濟狀

22

況，便可知這決不是過甚其辭的話。

中國人口是向來無精確統計的。就可考者言，十七世紀（順治康熙時），中國不到二千萬人，十八世紀末（嘉慶初年），增殖至將三萬萬人，十九世紀初（一八三五年即道光十五年），即達四萬萬四百九十餘萬人之數，這是鴉片戰爭以前的情形。自從鴉片戰爭以後，帝國主義強迫我們開闢商埠，且與以各種商業上的便利，洋貨入口激增，農村手工業大受打擊，南方農民感受帝國主義的壓迫最甚，人心搖動而思亂，於是發生太平天國十五年（一八五〇年即道光三十年至一八六五年即同治四年）的戰爭。戰爭結束後，人口減至二萬萬三千餘萬。自此經過四十餘年，一九一〇年（宣統二年）民政部調查全國為三萬四千餘萬人。去年海關調查十八省與東三省共四萬四千餘萬人；此外，蒙古約二百萬人，西藏（包括川西，青海）三百餘萬人，新疆約二百萬人，海外華僑約八百萬人；總計全人口約四萬六千萬人，僅略超過鴉片戰爭以前之人口數目。近代各國人口之每年增殖率，除法國及少數落後國家外，多在千分之十左右；依此比例，假使非因帝國主義的壓迫而引起太平天國戰爭，中國今天應有七萬萬以上之人口。據外國在華醫士意見，中國人每年生產率在千分之五十以上；然因投棄胎兒與死亡率高，人口之增殖並不比他國為速。所以多投棄胎兒與死亡，皆因人民貧乏無錢育或醫藥費用，而政府又絕不舉辦公共衛生恤貧育幼等事業之故。

中國人口，農民約佔百分之七十以上，民國六年調查，除蒙藏青海四川廣西雲南貴州不計外，農民有四千九百餘萬戶，約二萬七千萬人。上述農民中，種十畝未滿的一千七百萬戶，居全數百分之三十六；種三十畝未滿的一千三百餘萬戶，居全數百分之二十八：合計

1925年，刘重民在《中国青年》杂志上发表的文章《中国经济状况》

爱国学生、传播革命思想为宗旨，一度成为掩护党团员活动的重要场所。后来在军阀的操纵下，钟山中学不得不停止办学。

1924年底，刘重民来到上海。在这一时期，他加入了中国共产党。入党以后，他开始重新思考中国的实际情况，五卅惨案更是给他上了沉重的一课。他决心认真研究中国的政治经济状况，相继撰写了《中国政治状况》《中国经济状况》两篇文章，真实揭露帝国主义与封建军阀压榨劳苦大众的罪行。

后来，刘重民经常往返于上海、南京之间宣传革命，全身心投入大革命洪流中。然而，大革命的蓬勃发展引起了国民党右派极度仇视和痛恨。1927年4月10日夜，刘重民在参加中共南京地委紧急扩大会议时不幸被捕。数日后，被敌人残忍杀害。

陈君起：就像她笔下的梅花

1926年，时年41岁的陈君起被反动军阀逮捕关押。这位“女革命党”在狱中泰然自若，亲手绘就一幅梅花图，题字“瘦梅虽老，犹鲜艳耐寒”，以画明志。

陈君起，生于1885年，上海南翔人。她的父亲是清末进士，到了适婚年龄后，父亲把她许配给当地一个富绅的儿子。但这位“大家闺秀”不满封建婚姻，逃离家庭，于1904年进入上海务本女塾读书。在这里，她接受了民主启蒙和爱国思想熏陶。

毕业后，陈君起来到南京一所小学任教，并通过自由恋爱步入婚姻。然而，丈夫家族封建礼教观念浓厚，婆婆看不惯她“抛头露面”，甚至连女儿也因家人迷信思想迫害而夭折。陈君起悲愤交加，毅然与家庭决裂。

此时，五四运动风潮席卷全国各地。在共产党员谢远定等人的影响下，陈君起思想不断革新，走向革命道路。1924年上半年，陈君起加入中国社会主义青年团，同年底加入中国共产党。她的家也成了中共南京党组织的机关和通讯、联络地点。此间，陈君起筹建起南京妇女问题研究会，并参与声援五卅运动、和记洋行罢工等一系列革命活动。

陈君起（1885—1927）

1926年10月，陈君起不幸被捕。在狱

陈君起先后两次被捕，这是她第一次被捕后在狱中所画的梅花图

中，陈君起从未动摇内心的信念。她绘制了一幅梅花图，苍瘦遒劲的枝干上缀满了盛开的梅花，傲骨凌霜，以表达她坚贞不屈的革命意志。

经党组织营救出狱后，陈君起转战武汉、南昌等地，继续从事革命工作。1927年4月10日夜，陈君起在参加中共南京地委紧急扩大会议时再次被捕入狱。为了保护家中党的机密文件，她在绝笔信中暗示儿子，“把我的房门锁好，谁都不要进去住。”这一次，她没能逃离黑暗的血腥杀伐之门，怀揣着一腔忠诚和奋勇慨然就义。

梅花傲骨铮铮，花语为坚强、忠贞、高雅，被誉为“花中气节最高坚”。雨花英烈陈君起，就像她笔下的梅花一样，勇于打破封建桎梏，为信仰忠贞不屈。梅花虽逝，芬芳依旧。

许金元：“为正义而战”

“我们只有为自由而战！为正义而战！”这是许金元1924年8月在报刊上发出的奋力呼号。在风雨飘摇、内忧外患的历史背景下，这位品学兼优的天之骄子，以笔作枪，始终不遗余力地为救国救民而艰辛探索、浴血奋斗。

1906年，许金元出生于江苏苏州。在苏州萃英中学读书时，他品学兼优，各科成绩优良，操行列入甲等。1923年初，他转学至博文中学，探寻更为广博的求知天地。

当时，尽管新式教育的浪潮早已席卷全国，但学校教学方式陈旧刻板，教员老师奉行混饭主义等教育现状让许金元倍感失望，昂扬的上进心驱使他在自学上不断下功夫。1923年4月，他在《学生杂志》发表《自学问题杂论》一文，从国文、诗、英文等多门学科细致论述了自学的方式和注意事项，彰显了一名青年学子不断追求真理、勇于自我革新的卓越品格。

许金元（1906—1927）

1923年夏，许金元以优异成绩考入杭州的之江大学。求学期间，他广泛阅读进步书刊，与《学生杂志》编辑积极通信，提出了许多富有建设性的意见。

1924年5月，许金元和同学蒋鉴等人组织成立悟悟社，并在《宣言书》中提出，革命文学的意义在于“指导人生的工作”。他撰写发表了《革命文学运动》《为革命文学再说几句话》《论非战文学和非战思想》等多篇文章，积极倡导革命文学，唤起民众觉醒。不久，他离开之江大学，回到苏州博文中学任教。

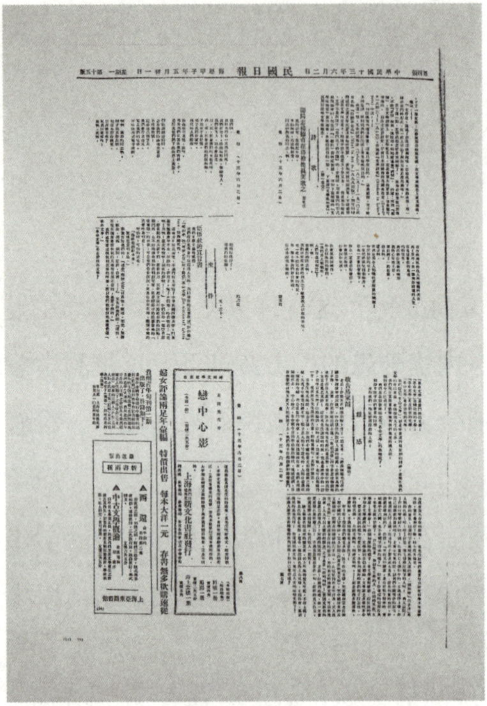
民國日報

悟悟社《宣言书》，刊登于上海《民国日报》副刊《觉悟》

1925年五卅惨案后，许金元根据党的指示，组织发起苏州各界联合会，掀起罢工、罢课、罢市热潮。同年，历经实践斗争考验的许金元加入中国共产党，成为战斗在革命战线上的一员骁将。1926年2月，他任中共苏州独立支部书记，领导苏州的革命运动向纵深推进。

北伐战争期间，受组织派遣，许金元来到南京，与国民党右派发动的一系列反革命行径做坚决斗争。1927年4月10日夜，许金元在参加中共南京地委紧急扩大会议时不幸被捕。数日后，被敌人残忍杀害。

张应春：“一切多可以牺牲”

“我以为入了党，当然以党为前提了，一切多可以牺牲的。”这是张应春入党后写给柳亚子书信中的一句话。这位书香门第走出的女英雄，对家人亲爱仁厚，对倒行逆施者激烈反抗，对国家政局深怀忧虑。她把最美的青春芳华都献给了党。

1901年11月11日（阴历十月初一），在江苏省吴江县一个书香门第，家中长女呱呱坠地。父亲张鼎斋因着“十月芙蓉应小春”之谚，为孩子取名应春。张鼎斋是清末秀才，曾在柳亚子家做私塾先生，也因此加入柳亚子主持的文学团体南社，并与柳亚子私交甚好，思想较为开明。

张应春自幼对家人颇为关爱，每天早上帮母亲做家务，送弟妹们上学。她还心灵手巧，能编结线袋，挑十子红。1912年，张应春的父亲与叔叔在家乡私塾基础上创办葫芦兜初级国民学校，张应春转入该校就读。初入校时，同窗认为她会依仗父亲的关系，不好相处。然而，张应春勤奋好学、为人爽直、诚以待人，得到了同学们的喜爱。

张应春（1901—1927）

虽然是女子，但张应春从小受家庭熏陶，性格爽朗、爱憎分明，少年时就具有强烈的爱国主义思想。1915年底，袁世凯复辟帝制，改年号为“洪宪”。次年初，校方要

张应春读书时的生活照

求学生们在课堂日志上将民国纪年改为“洪宪元年”，张应春极力反对，大骂袁世凯倒行逆施。张鼎斋迫于学校压力，希望女儿服从校方要求，被断然拒绝。

丧权辱国的“二十一条”签订后，张应春眼见泱泱大国被列强欺压、国权丧失，大有被“瓜分”之势，心中惊骇不已。1921年，她在日记中写道：“国家前途，真是危险万分。”

张应春于国有爱，于民有义。每次假期返乡，她都要去农民家中做调查。有时，她晚上会带着妹妹一起到邻居家去，和农民们畅谈劳动和生活，常常谈到深夜，在妹妹催促下方才回家。她对农民们的辛劳与穷苦有着极大同情，并时常对父亲说：农民们一年到头辛勤劳动，反而不得温饱，这种不合理的制度，我们应该把它彻底铲除。

1925年，张应春坚定地选择了马克思主义，并很快加入中国共产党，自此，她便心怀永恒的信仰之光，成为一名不屈的革命斗士，直至1927年，在四一〇惨案中英勇就义。

钟天樾："以救国为职志"

1927年4月，一群反动军警在南京残忍地杀害了10名共产党员，并将他们的尸体装入麻袋，扔到秦淮河畔九龙桥下，酿成了骇人听闻的四一〇惨案。钟天樾烈士就是这10名烈士中的一位。

钟天樾，1905年出生于四川永川，原名钟正譙。因其家道中落、母亲早亡，他从小被祖母抚养长大。祖母一边操持家务，一边沿街摆摊卖咸菜稀饭养家糊口，坚持送孙子到学校读书。钟天樾从小刻苦学习，成绩优异的他也喜好运动，尤其爱踢球，为了节省家用，他将破了口的鞋子用绳子捆着穿。

贫苦的生活，在钟天樾的心灵里根植下了反抗压迫、反抗强权的革命火种。1919年五四运动爆发后，钟天樾就读的永川中学成立了永川学生联合会。钟天樾是学生运动的领导者之一，校长曾尚钦欲以鼓动学潮为名将其开除，遭到师生的激烈反对。

钟天樾（1905—1927）

两年后，16岁的钟天樾临近毕业，与同学刘宗崇在测算学生伙食账目时，查出校长曾尚钦有贪污行为。账目公布后，曾尚钦恼羞成怒，借机开除两人学籍。为反对这一不合理决定，全班毕业生拒绝考试，退出学校搬到钟天樾家中，与校长作斗争。活动持续

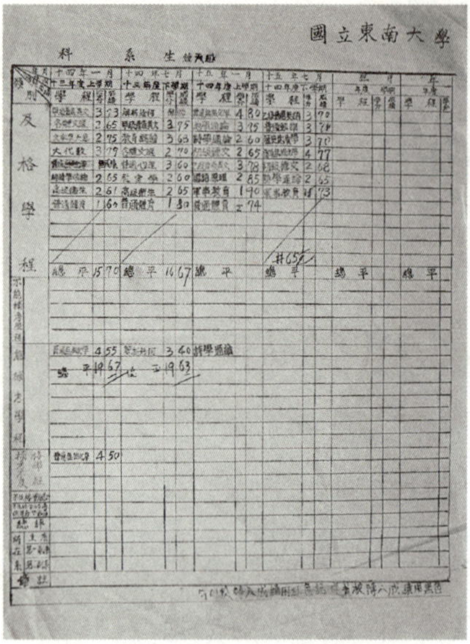

钟天樾在东南大学的成绩单

一个多月，轰动全省，省教育厅不得不出面调解，但校长曾尚钦仍坚持开除钟天樾与刘宗崇。此举因遭到教师和乡民反对而作罢。钟天樾在取得斗争经验的同时，还不忘教导年幼的弟弟要心系国家大事：“我们的祖国正处在危急存亡的时候，有志青年，要发愤忘食，以救国为职志”。

不久，钟天樾在表兄的帮助下到南京，考入东南大学学习。五卅运动后，钟天樾加入了中国共产党。此时，弟弟写信告诉他，永川学生联合会在五卅运动中声援反帝的斗争非常激烈。钟天樾很是欣慰，随即回信给弟弟，并抄写了《五卅惨案的前前后后》的报道文章，讲述了五卅运动中工人罢工、商人罢市、学生罢课的情况及运动的意义。

这一时期，钟天樾思想上快速成长发展，他不断向身边人宣传革命，扩大党的影响力。永川中学的同学陈介祺就是在南京得到钟天樾的悉心引导，走上了革命道路。1927年3月，钟天樾任南京总工会执行委员。4月10日夜，在中共南京地委召开紧急扩大会议时被捕，不久后牺牲。

胡秉铎：“为布尔什维克而死”

“儿已失去自由，望家中不必挂念。干革命总是要有死难的，为布尔什维克而死，虽死犹生。”这是雨花英烈胡秉铎被捕后，在狱中写给家人的信。字里行间，展现了共产党人为信仰视死如归的大无畏英雄气概。

1924年8月，22岁的胡秉铎经邓中夏推荐，以第一名的优异成绩考取黄埔军校第二期步兵科。在校期间他加入了中国共产党，并参加了由周恩来组织的以黄埔军校教职员和学生中的共产党员为核心的中国青年军人联合会。

中国青年军人联合会的迅速发展引起了黄埔军校中国民党右派的恐慌和仇视，在蒋介石的授意下，戴季陶出面组织了“孙文主义学会”，目的是排斥、打击共产党和进步力量。根据中共粤区区委指示，胡秉铎隐藏共产党人的身份，以国民党左派面目出现，积极投入与右派学生的斗争中。

胡秉铎（1902—1927）

1926年3月20日蒋介石制造了中山舰事件，以周恩来为首的全体共产党员被迫退出国民革命军和黄埔军校。中共两广区委认为，胡秉铎尚未暴露共产党员身份，与何应钦又是同乡，私交也好，决定让他利用这一优势，继续留在第一军开展工作。

1927年4月12日，蒋介石在上海发动反革

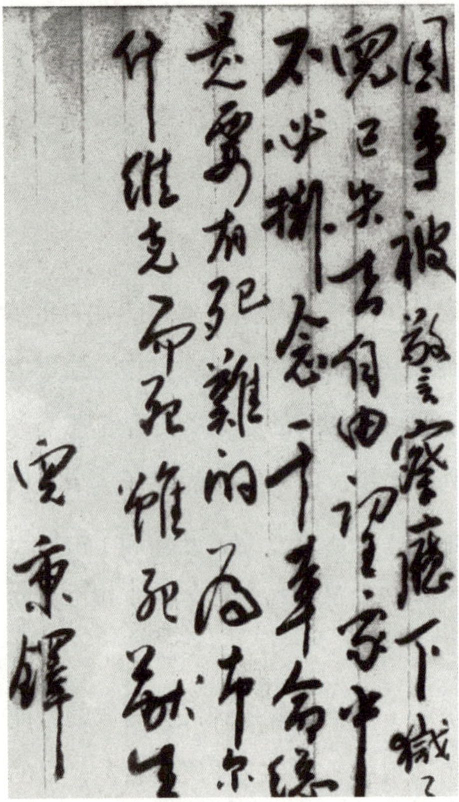

1927年，胡秉铎在狱中写给家人的信

命政变，大肆逮捕屠杀共产党人和革命群众，随后发动了血腥的“清党”。黄埔学生分成两个部分：一部分做追随校长蒋介石的“好学生”；一部分则只身或率部加入共产党的阵营里。

胡秉铎本可以凭着黄埔毕业生的身份，追随蒋介石成为“天子门生”，拿到富贵显达的通行证，然而他坚守自己的政治信仰，置生死于度外。他经常与革命同志谈话，赶赴党的秘密机关开会，在腥风血雨中，冒着生命危险继续进行革命活动。不幸的是，他在一次参加党的秘密会议时，因身份暴露被捕，不久被秘密杀害于南京。

胡秉铎牺牲后，中共中央机关刊物《布尔塞维克》刊登了题为《胡秉铎同志之死》的文章，大意为：革命的精神必因你而更强大，革命的事业必因你而与日俱进，我们未死者誓为你报仇，负起创造新人类的重任。

史砚芬："我们的革命事业必底于成"

"亲爱的弟弟妹妹：我今与你们永诀了。我的死是为着社会、国家和人类，是光荣的，是必要的。"1928年9月27日，临近中秋佳节，这个万家团圆的日子里，年仅24岁的史砚芬却倒在了雨花台的刑场上。他的血衣口袋里，揣着两封血迹斑斑的遗书，其中一封是他写给弟弟妹妹的诀别信。

史砚芬，1904年出生于江苏宜兴，1927年春加入中国共产主义青年团，不久转为中共党员，同年秋任团宜兴县委书记。八七会议后，中共江苏省委认真贯彻会议指示，在省内积极部署从苏南到苏北的农民暴动。

此时的宜兴正笼罩在白色恐怖中，史砚芬不畏艰险，以共青团员为骨干，积极组织领导宜兴农民暴动。1927年11月，在中共江苏省委领导下，宜兴农民暴动打响江南农民暴动第一枪。这场暴动的副总指挥就是史砚芬。因敌我力量悬殊，暴动遭到敌人的残酷镇压。

史砚芬（1904—1928）

宜兴暴动失败后，史砚芬的处境变得十分危险。尽管斗争环境险恶，但史砚芬谢绝了家人让他到外省工作的好意，坚持这里的工作更需要自己，决不远走他乡。不久后，史砚芬被任命为共青团南京市委书记。从此，他活跃在南京各大高校内外，组织大学

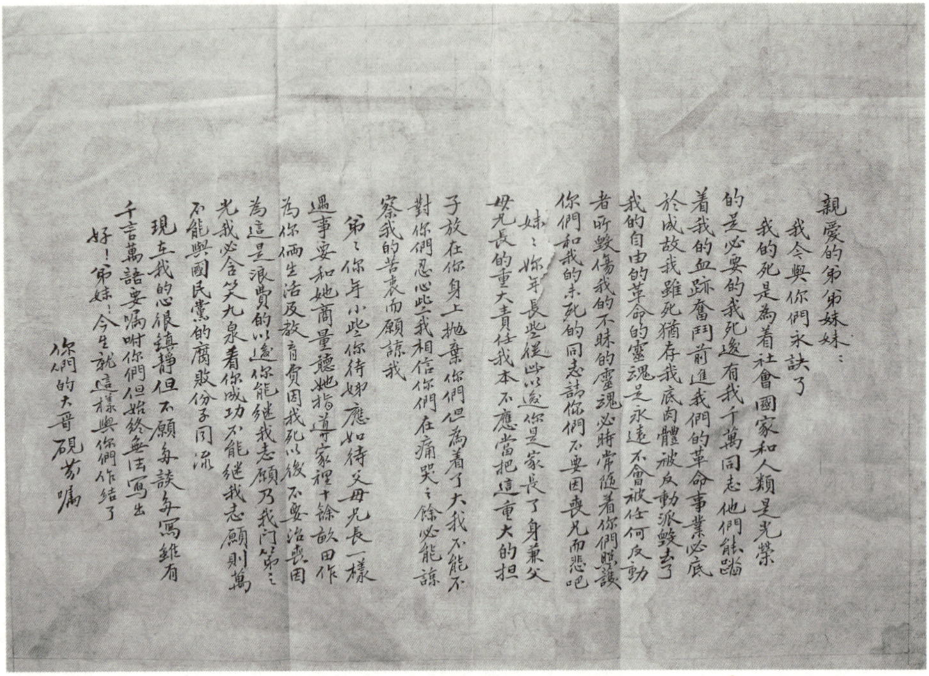

親愛的弟弟妹妹：

我今與你們永訣了

我的死是為着社會國家和人類是光榮的是必要的我死後有我千萬同志他們能踏着我的血跡奮鬥前進我們的革命事業必底於成故我雖死猶存我底肉體被反動派毀去了我的自由的革命的靈魂是永遠不會被任何反動者所毀傷我的不昧的靈魂必時常隨着你們照護你們和我的未死的同志請你們不要因喪兄而悲吧

妹々你年長些從此以後你是家長了身兼父母兄長的重大責任我本不應當把這重大的担子放在你身上拋棄你們但為着了大我不能不對你們忍心些我相信你們在痛哭之餘必能諒察我的苦衷而顧諒我

弟々你年小些你待姊應如待父母兄長一樣遇事要和她商量聽她指導家裡十餘畝田作為你倆生活及教育費因我死以後不要治喪因為這是浪費的以後你能繼我志願乃我門第之光我必含笑九泉看你成功不能繼我志願則萬不能與國民黨的腐敗份子同流

現在我的心很鎮靜但不願多談多寫雖有千言萬語要囑咐你們但始終無法寫出好！弟妹！今生就這樣與你們作結了

你們的大哥硯芬囑

史砚芬留给弟弟妹妹的诀别信

的团组织开展革命斗争。

1928年5月，史砚芬在南京台城召集团中央大学支部会议时不幸被捕，敌人以“意图颠覆党国”为名判处他死刑。史砚芬的狱中难友贺瑞麟在《死前日记》里记录了史砚芬行刑当天的情景：砚芬临行时……他第一个先出去，神气最安逸……砚芬临去时，向我们行一个敬礼……“再会”。

史砚芬早年父母就过世了，他一直担负着教养弟弟妹妹的责任。当他预感自己不久于人世时，给他们留下了两封信。信中除了有对年幼弟妹的不舍和眷恋，更多的是献身革命事业的坚定立场和对革命事业必定成功的坚定信心。他写道：“我死后有我千万同志，他们能踏着我的血迹奋斗前进，我们的革命事业必底于成，故我虽死犹存。”

王崇典：点燃革命的“烈焰”

“人总是要死的，只要革命能够成功，我就是死了，还是有意义的，将来一定会有更多的青年投身革命斗争。”这席话是王崇典被捕后，对前来探监的弟弟所说的，表明了他对革命事业的忠贞及视死如归的决心。

王崇典，1903年出生于安徽涡阳，自幼勤勉好学。1919年五四运动爆发后，革命浪潮迅速席卷中国大地，此时正在安徽芜湖芜关中学读书的王崇典也沐浴在这场甘霖之中，他不再满足于学校课堂教授的知识，而是将视野更多地投向时代思潮。他不仅撰写了《春思》《李家庄》《烈焰》等抨击社会弊病，满怀忧国忧民之心的剧作，还多次参与领导了学生请愿、罢课，支援工人大罢工等革命活动，为芜湖学生运动的开展做出了突出贡献。

中学毕业后，王崇典回到家乡任教。他经常利用集会和假期，宣传革命思想，影响涡阳当地进步青年倾向革命。五卅惨案后，他组织成立沪汉罢工后援会，积极投身反帝爱国运动。

王崇典（1903—1928）

1926年，王崇典考入国立东南大学，在这里接受了马克思主义的熏陶，1927年加入中国共产党。凭着对革命的忠诚以及出色的工作能力，王崇典很快成为地下党组织的骨干人员。

王崇典任中共南京市委委员后，常在南京第一公园（秀山公园）召集党团员开会。图为南京第一公园旧照

1927年12月4日，王崇典参加了中共南京市委召开的南京市第一次党代表会议，并在会上当选为市委委员。这次大会主要讨论在国民党统治的心脏地区——南京发动武装起义，从而动摇国民党统治的基础，推翻反动政权。会议上，王崇典满怀革命激情地说："国民党像一潭污泥浊水，怎么搞也不行。旧的不去，新的不来，我们要鼓足勇气搞暴动，夺取政权才有幸福可言。"会后，他迅速行动起来，废寝忘食地四处奔忙，积极参与和组织革命宣传工作。

1928年5月，王崇典参加在南京台城召开的秘密会议时被捕。狱中的非人待遇，使他染病在身。即便如此，他心中仍牵挂着革命事业，常吟诵杜甫的诗句："出师未捷身先死，长使英雄泪满襟"。

同年9月27日，在中秋节这个万家团圆的日子前夜，王崇典在雨花台被敌人杀害，牺牲时年仅25岁。

姚佐唐：江苏首个党支部书记

在陇海铁路江苏徐州西站货场内，矗立着一块刻着“八号门事件旧址”的革命纪念标志碑。1921年，这里曾发生过一起大规模的罢工斗争，并催生了江苏第一个党支部——中共陇海铁路铜山（徐州）站支部，当时的支部书记就是姚佐唐。

姚佐唐是安徽桐城县人，他的先辈姚莹是清代文学家，曾参与领导抗英斗争。姚佐唐在上海扶轮中学毕业后，为了维持家中生计来到陇海铁路徐州北站（铜山站）大厂当学徒工。他勤奋好学，吃苦耐劳，几年后便升任车间领班，随后又被选为徐州铁路工会会长。1919年五四运动的风潮席卷了整个中国，姚佐唐开始接触新思想，广泛阅读《新青年》《劳动界》等进步书刊。

姚佐唐（1898—1928）

1921年11月，铁路徐州北站发生了著名的“八号门事件”，点燃了铁路工人长期被压迫、被奴役的怒火，该起事件引发陇海铁路全线大罢工，姚佐唐被推举为北站罢工委员会负责人，继而促成了江苏最早的中共党支部的建立。1922年春，姚佐唐加入了中国共产党，并担任中共陇海铁路徐州（铜山）站支部书记。

1924年6月17日至7月8日，共产国际第五

1924年，姚佐唐（左）与罗章龙（右）、王荷波（中）在苏联列宁格勒的合影

次代表大会在莫斯科召开，赤色职工国际第三次代表大会也同时召开。李大钊、王荷波、姚佐唐等人遵照共产国际的指示，组成了中共代表团出席了会议。在赤色职工国际第三次代表大会上，姚佐唐代表工人阶级发言，博得会上各国工人阶级代表的掌声。

1928年3月，孙津川担任中共南京市委书记。姚佐唐积极协助孙津川进行地下斗争，其住宅也成为南京市委的一个重要地下联络点和开会地点。同年7月，姚佐唐的住宅遭到反动军警包围，孙津川等同志不幸被捕。姚佐唐脱险逃走，连夜赶往上海。然而由于叛徒出卖，他在上海的一家旅馆被捕，随即被押解至南京，关押在国民党卫戍司令部看守所。

在狱中，姚佐唐面对敌人的威逼利诱、严刑拷打都宁死不屈，严守党的机密。1928年10月，敌人无计可施，决定对他下毒手。姚佐唐刚被押出牢门，就高喊革命口号。这令敌人惊慌不已，只能赶紧将他的嘴堵起来。尽管被堵上了嘴，他仍然怒视敌人，最后壮烈牺牲于雨花台。

孙津川：母子分梨慷慨赴死

在雨花台主峰东南方的知名烈士墓区，青松翠柏之间，静静地安眠着17位雨花英烈。其中有一位烈士名叫孙津川。1928年，他临危受命，担任中共南京市委书记。被捕后，他拒绝同志们为救他劫法场，面对探监的老母亲，他咬下一半梨子，暗示必死的决心，慷慨赴死。

孙津川，1895年出生于安徽一户工人家庭，14岁时前往南京洋炮局做学徒。1925年8月，孙津川加入中国共产党。1928年3月任中共南京市委书记，同年6月在党的六大上当选为中央审查委员会委员。

1928年7月，孙津川到南京下关黄泥滩开会时被捕，后被关押于南京卫戍司令部看守所。狱中环境恶劣，一间不足20平方米的牢房中，竟关押着40多人。房间里阴暗、潮湿，地板已经霉烂、发臭，蚊子、臭虫、跳蚤很多。狱友们全部睡在地上，几乎都要互相压着半个身子。一次，看守人员正在持鞭抽打一个因病而动作迟缓的狱友，孙津川见状纵步上前夺下鞭子，高喊不许打人。难友们齐声响应，看守悻悻住手。

孙津川（1895—1928）

孙母探监时，带来孙津川最爱吃的辣椒炒牛肉丝，他总是分给大家一起吃。在他牺牲的前几天，许多同志为了救他伺机劫法场。孙津川担心造成无谓牺牲，连忙带去口

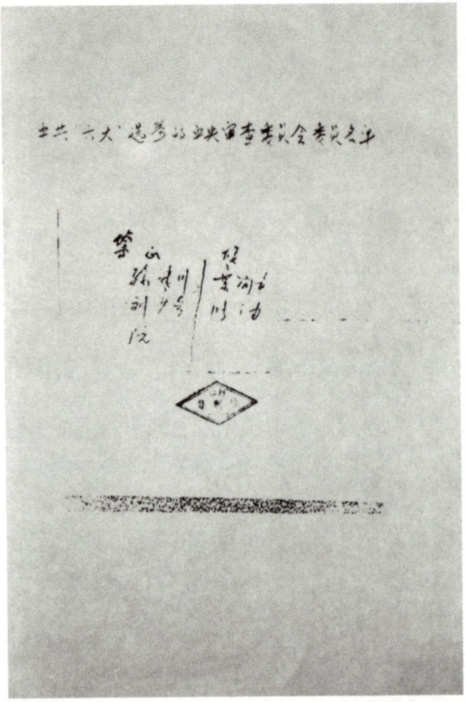

1928年6月至7月，中国共产党第六次全国代表大会在莫斯科召开。孙津川虽未出席此次大会，但由于他在工人运动中发挥的重要作用和领导才能，仍当选为中央审查委员会委员。这是党的六大选举的中央审查委员会委员名单

信，坚决反对这种行动。他认为“根据当时的主、客观情况，这样做只能给革命带来更大损失”，愿以牺牲自我来保全革命力量。

孙津川临刑前几天正值中秋节，孙母带着月饼等食物前来探监。见到母亲，严刑之下坚贞不屈的孙津川，泪水夺眶而出。母亲问他：“津川，他们会让你出来吗？”孙津川一字一句地说：“妈妈，我既然投了红旗，绝不会再投白旗。”母亲明白儿子心意已决，流着泪拿出儿子爱吃的梨，递给他。孙津川将梨子咬开，只吃了一半，又把剩下的一半递给母亲，暗示母子从此分离，表达了慷慨赴难的决心。

10月的一个清晨，看守所所长高喊孙津川的名字。孙津川镇定如常，与同志们一一握手道别。“不用绑，我决不会跑的！”一出牢门，狱卒便要绑他，他大义凛然地喝道。其后，壮烈牺牲于雨花台。

周不论：“革命事业一定后继有人”

“死是不可怕的，革命事业一定后继有人，但我死后，你不要过分悲伤，不要为我断送了青春。对我这一对不满三尺的小孩……更希望你好好教育他们，继我遗志。”这是周不论在狱中写给妻子的书信中的内容，字里行间充满着他对革命的坚贞以及对爱妻、幼子的关爱眷念之情。

周不论，原名周正林。他出身于湖南醴陵县一个地主家庭，但却非常同情农民。在读书期间，他积极参加学生运动，思想进步很快，1922年加入中国共产党。1924年，他毕业回到家乡，在当地党组织的领导下，从事党的组织发展工作，后考入黄埔军校第五期机关枪科。北伐开始后，随北伐军作战。

1927年，党组织派周不论回湖南工作，在醴陵从事革命斗争。他和同志们一起办夜校、建农会、打土豪、破迷信，很快，他赢得了南四区广大贫苦农民的信任。起初，农友们尊敬地叫他“周先生”，但他说：“我叫周正林，我们都是革命同志，不要喊我什么‘先生’，叫我‘老周’，或叫我‘正林’，不论叫什么都可以……”有个农民抢着说：“那就叫你周不论吧！”从此，“周不论”这个名字就传开了。

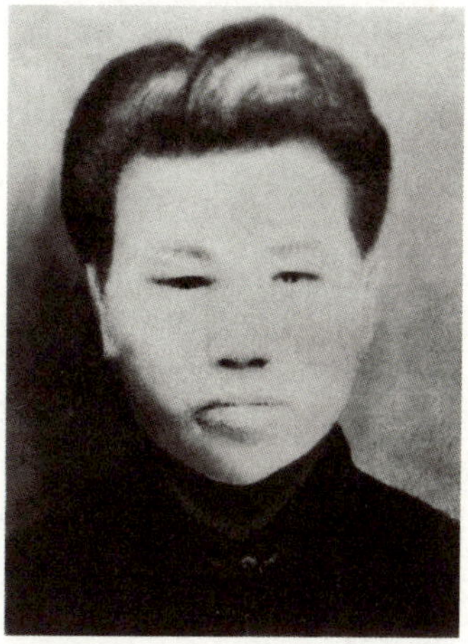

周不论（1903—1930）

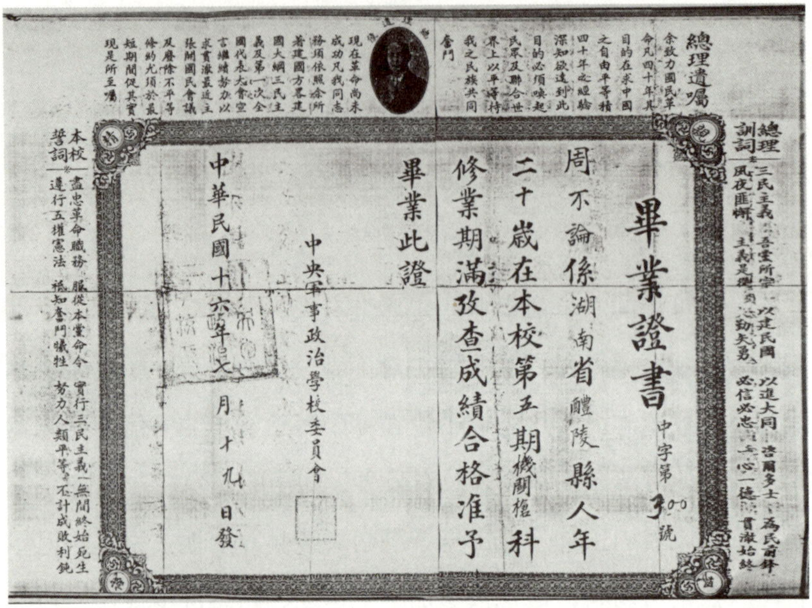
總理遺囑
余致力國民革命凡四十年其目的在求中國之自由平等積四十年之經驗深知欲達到此目的必須喚起民眾及聯合世界上以平等待我之民族共同奮鬥
現在革命尚未成功凡我同志務須依照余所著建國方略建國大綱三民主義及第一次全國代表大會宣言繼續努力以求貫徹最近主張開國民會議及廢除不平等條約尤須於最短期間促其實現是所至囑

總理訓詞
三民主義 吾黨所宗 以建民國 以進大同 咨爾多士 為民前鋒 夙夜匪懈 主義是從 矢勤矢勇 必信必忠 一心一德 貫徹始終

畢業證書
中字第300號
周不論係湖南省醴陵縣人年二十歲在本校第五期機關槍科修業期滿考查成績合格准予畢業此證
中央軍事政治學校委員會
中華民國十六年七月十九日發

本校誓詞
盡忠革命職務 服從本黨命令 實行三民主義 無間終始死生 遵行五權憲法 祗知奮鬥犧牲 努力人類平等 不計成敗利鈍

1927年7月，周不论毕业于中央军事政治学校，这是他的毕业证书

1927年8月7日，党中央决定发动秋收起义。消息传来，担任醴陵南四区区委书记的周不论大为振奋。他积极响应党中央的号召，把农民自卫军和农会会员集合起来，有组织地开展反对地主阶级的武装斗争，取得了一个又一个胜利，其中最著名的是“南四区之役”。这次战役不仅击溃了敌人3000多人的来犯，还俘获了70多名土豪劣绅和大批枪支弹药。在周不论等人的领导下，南四区的工农武装力量和根据地建设不断发展壮大，使敌人望而生畏。

1928年4月，国民党当局穷凶极恶地血洗醴陵地区。南四区有上千名党员干部和革命农民惨遭杀害，周不论成了悬赏通缉的“要犯”。在当地群众的掩护下，他来到南京继续从事革命工作。然而，醴陵当地的豪绅窃取了他寄回的家信，得悉他在南京的住处后向当局告密，周不论不幸被捕。1930年2月的一天，他在南京英勇就义，年仅27岁。

黄祥宾：“怕牺牲的不是真革命”

1924年11月的一个下午，无锡江苏省立第三师范大礼堂内济济一堂，众多学生正聚精会神地聆听恽代英的爱国演讲。人群中，一位佩戴黑框眼镜、书生气质浓厚的年轻男子正屏息凝听，他正是这场演讲策划组织者之一——黄祥宾。恽代英那富有鼓动性和感染力的话语，也为他心中点亮了一盏明灯。

黄祥宾，1905年出生于江苏武进，自幼喜爱读书。在中国传统文化的熏陶下，朴素的爱国情怀潜移默化间在他心中植下种子。1921年，黄祥宾考入江苏省立第三师范就读。此时新文化运动蓬勃发展，他接触到《新青年》等一大批进步书刊，如沐甘霖，对国家命运和社会发展有了更为深刻的认识和思考。

寒假期间回乡的黄祥宾目睹了底层人民流离无依的凄苦现状，进一步激发了他的救国救民志向。他在作文中流露出消灭社会贫富差距的愿望，老师曾批注：“作者具有共产主义思想乎？”

黄祥宾（1905—1930）

五卅惨案发生后，时任江苏省立第三师范学校学生会会长的黄祥宾，积极联络无锡各校学生，成立“沪案后援会”，举行群众大会，开展示威游行。在反帝爱国运动的实践中，黄

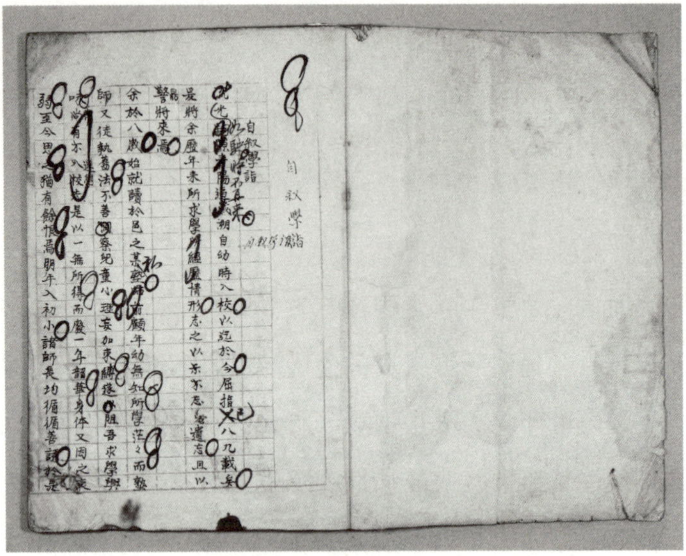

黄祥宾在无锡江苏省立第三师范读书时的作文

祥宾的组织能力和斗争经验不断提升，政治素养日臻成熟。同年，他加入中国共产主义青年团，不久后转为中共党员。自此，他怀着坚定的共产主义理想，一路前驱。

1926年秋，黄祥宾考入国立东南大学（后改名中央大学）就读。四一二反革命政变后，白色恐怖笼罩南京，黄祥宾并未退缩，在国民党反动统治心脏地带坚持斗争。他积极响应党组织关于成立南京自由运动大同盟的指示，以学校为重心，积极发展党员。中央大学中共地下支部成立后，担任支部书记的黄祥宾定期召集支部同志分析社会形势、传阅文件报刊、研讨斗争举措，支部工作开展得有声有色，曾被中共南京地下市委表扬为模范支部。

大学毕业后，黄祥宾坚持留校工作，在最危险的敌人心脏地带播撒革命火种，直至1930年8月被捕牺牲。生前，身边同志曾提醒他少开展活动，避免引起敌人注意，黄祥宾毫不畏惧，说道：“怕牺牲的不是真革命！”

夏雨初："英特纳雄耐尔就一定要实现"

1930年8月19日的南京，笼罩在一片白色恐怖之中。当天的报纸报道了一则关于20名共产党员在雨花台被处决的要闻，详细记录了他们"上绑时高唱第三国际歌"，临刑时"神色自若、毫无惧色……引颈而待，无畏缩之状"的情景，夏雨初即是罹难的烈士之一。

夏雨初，安徽郎溪人，1919年考入芜湖萃文书院读书。1919年，五四运动和新文化运动的时代浪潮，激荡着位于长江之滨的芜湖。在新文化运动的影响下，夏雨初参加芜湖学生联合会，成为芜湖学生运动骨干。

1923年，夏雨初转入北京中国大学读书，逐步确立了马克思主义信仰，并秘密加入了中国社会主义青年团。在校期间，他常将《新青年》《向导》等报刊寄回家乡，在郎溪青年学子中播撒革命火种。1925年暑期，夏雨初回乡组织学生集会游行，声援五卅反帝爱国运动，掀起皖南山区反帝浪潮。历经斗争考验，夏雨初于1926年转为中国共产党党员。

夏雨初（1903—1930）

四一二反革命政变后，郎溪政局突变。1927年9月，在中共安徽省临委指导下，中共郎溪县特别支部成立，夏雨初任书记。他自筹经费，于1928年1月在郎溪创办建平公学，以此为基地团结和教育家乡青年，开展党团

1925年秋，夏雨初在北京中国大学就读时与友人合影，第一排中间者为夏雨初

活动。

1928年9月，党中央委派夏雨初到上海沪西区负责工运工作。他化名张建华，以教书为掩护，自办工人夜校。次年1月，时任中共上海沪西区负责人的夏雨初参与领导了震惊全上海的日资内外棉纱厂工人同盟大罢工。

1930年2月，夏雨初以中共中央特派员身份赴南京，任中共南京市委常委，参与组织暴动。此时的南京，弥漫着腥风血雨。夏雨初化名李兴国，为南京暴动制定计划、印制传单、筹备武器、组织队伍，夜以继日奔走。

由于叛徒出卖，1930年7月29日，夏雨初等人开会商讨暴动细节时，遭突袭包围，全部被捕。当局获悉共产党准备在国民党统治中心发动暴动，大为震惊，连“李兴国”的真实身份都未查清，就判处其死刑。次月，夏雨初与战友们一道，在雨花台从容就义。

李济平：“替代已牺牲的同志”

1928年6月，一位在莫斯科学习的中国留学生毅然选择回国，以实现他“替代已牺牲的同志”革命的愿望。他的请求很快得到党中央的批准。这位中国留学生就是李济平。

1928年6月，党的六大在莫斯科召开。这期间，参加会议的代表们到东方劳动者共产主义大学，与在那里学习的中国留学生交流。留学生李济平诚恳地向代表们提出回国工作的请求。他说：“学习固然重要，但工作更为重要，何况国内急需要人。”其时，组织已经决定派李济平到炮兵学校继续深造，这对于他个人在党内的发展，是大有裨益的。然而，他却选择不再继续升学，回国参加实际工作。

1928年冬，李济平回国后先是任中共扬州县委负责人。一年后，他又调任中共江苏省委巡视员，负责指导南京、镇江、常州等沪宁沿线地区党的工作。他作风扎实，事必躬亲，每到一地，除了听取面上的情况汇报以外，更多的是深入基层党组织，了解情况，力求掌握第一手材料。

李济平（1908—1930）

两三个月的巡视结束后，李济平向省委提交了一份长达两三万字的书面报告。在文中，他提出，党应该经常地从机关选派一些得力的干部，充实到基层组织中，去做些更

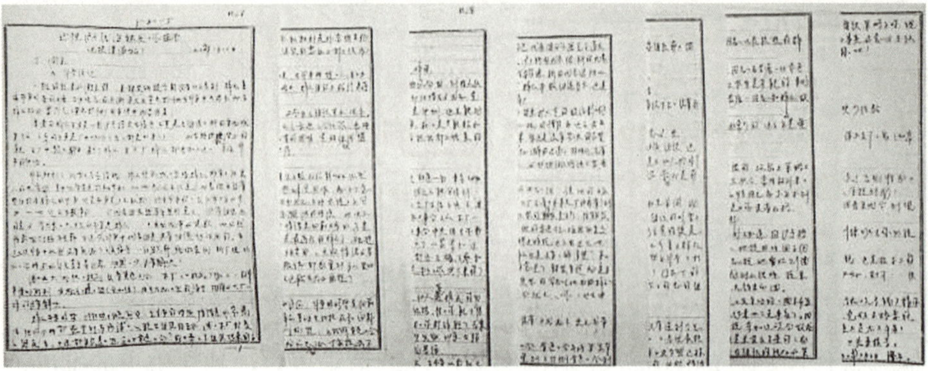

李济平撰写的《巡视沪宁线海铁兵工作报告》

实际的工作。

1930年7月，李济平任南京市行动委员会书记。那时，掌握党中央领导权的李立三等人，片面地、过高地估计了我党在白区的力量，希望南京能做全国城市暴动的样板。然而，李济平深深明白，南京作为国民政府的首都，正笼罩在白色恐怖中，敌我力量对比十分悬殊，公开武装暴动必然凶多吉少。但是，作为一名具有高度组织性和纪律性的共产党员，他只能受命。

为做好南京八一暴动的准备工作，李济平已完全将个人的安危置之度外，亲自到浦口、下关去检查、部署。不幸的是，7月29日，就在八一暴动的前两天，他在南京下关召开会议时被捕。在国民党首都卫戍司令部看守所，李济平虽遭酷刑，但未暴露任何党的秘密。

1930年8月18日，李济平被敌人杀害于雨花台。他是中共南京党组织第六次遭破坏时牺牲的主要负责人。

陈景星：为“人类谋些幸福”

“母亲，你对我的爱、对我的体贴，那是使我时时不能忘记的……我常想，我若是读了很多的书，不能为社会上的被践踏的人类谋些幸福，那我怎能对起母亲呢，怎能对起母亲疼儿一场呢。”这是1930年6月6日，陈景星在行动前，给数千里外的母亲写下的一封诀别信中的内容。

陈景星，1908年出生于辽宁海城的一个农民家庭，自幼就天资聪慧。为了供陈景星读书，母亲节衣缩食，还将家中的地典押给地主。1927年秋，陈景星带着母亲的殷切期盼考取了奉天省立第三高级中学。在校期间，他阅读进步文章，逐步接受革命思想洗礼。

为了探求真理，陈景星于1929年夏来到南京求学，不久考入金陵大学。他常与进步同学一起探讨时局，阅读马克思主义书籍，逐步确立起共产主义信仰，探寻改变中国社会面貌的正确道路。1929年秋，陈景星加入了中国共产党。

陈景星（1908—1930）

入党后的陈景星，与金陵大学、中央大学、晓庄师范的同志一道，发起成立“南京自由运动大同盟”，张贴和发放革命宣传单标语，组织和声援工人罢工运动，还积极发展进步学生加入中国共产党。1930年春，中共金陵大学党支部成立，陈景星被任命为支

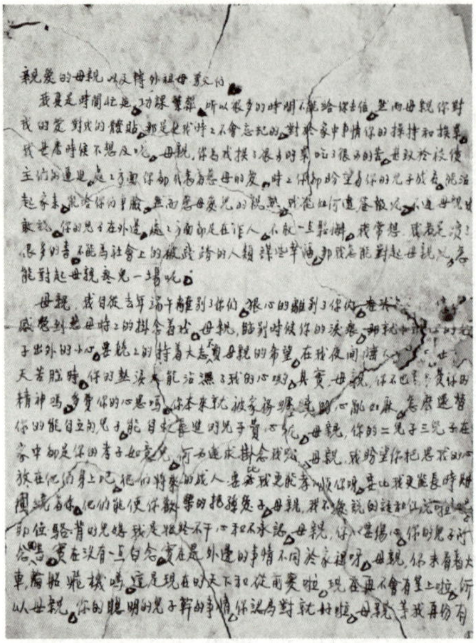

1930年6月，陈景星在金陵大学读书时写给家人的信

部书记，领导金陵大学党员开展地下革命斗争。

同年3月22日，金陵大学美籍教授薛佛尔在校播放影片，片中充斥着丑化中国的镜头，引发学生强烈愤懑。事件发生后，陈景星领导的中共金陵大学党支部立即发表宣言、组织集会，要求将薛佛尔驱逐出校，激发在校学生的爱国热情和社会的反侵略情绪。最终，薛佛尔公开发表道歉声明并销毁影片，美国公使向中国致歉。

1930年夏，根据上级指示，中共南京市委决定发动城市暴动，并成立市行动委员会。时任南京市委常委、市行动委员会委员的陈景星，深知暴动的严峻性和危险性。决意为党的事业牺牲的他，提笔给远在东北的母亲留下一封家书，表达了对母亲的深切眷恋，以及救国救民的情怀，然后义无反顾地投身到革命斗争当中。信发出两个月后，陈景星终因叛徒出卖而被捕牺牲。

石璞："努力才是人生"

在雨花台，长眠着一位年仅17岁的少年英雄——石璞。他天资聪颖，是家乡有名的"神童"，出身也比较富贵，本可以过着优渥的生活。可为了革命信仰，他把17岁的热血抛洒在了雨花台的土地上。

石璞是辽宁铁岭人，父亲曾任铁岭商会会长，他在家里是位衣食无忧的"小少爷"。石璞还是当地有名的"神童"，初中仅用一年半时间就跳级读完，14岁考入高中，16岁考入金陵大学物理系。

原本，石璞完全可以凭借自己的良好家世和聪明才智，过上惬意舒适的生活。但这位热血少年，忘不了东大附中的教师，曾在沈阳火车站无辜地被日本人打耳光；忘不了自己来南京时乘坐的日本客轮"大连丸"，竟是当年北洋海军的舰艇被日军掠夺之后改装而成。他常和进步同学讨论时局，探讨救国救民之路。与石璞结伴而来并同时考入金陵大学的同窗好友陈景星，已秘密加入了中国共产党。在陈景星的启发和帮助下，石璞开始接触共产主义。1929年底，石璞加入中国共产主义青年团，不久转为中共党员。

石璞（1913—1930）

此时南京弥漫着白色恐怖，然而石璞却毫无畏惧，他说："在南京，不准备杀头，就不要加入共产党！"他还立下"努力才是

1929年，金陵大学党支部成员的合影，石璞（前排右一）

人生，颓唐只见人死。勿以恶小而为之，勿以善小而不为。思想要系统化，行动要纪律化，生活要平民化。勿悲观、勿怠惰、勿自傲”的座右铭勉励自己。

加入党组织后，石璞夜以继日地为革命奔波，积极参加抗议帝国主义奴化教育的斗争等革命活动。在一次次的锤炼中，石璞成长为信仰坚定的共产主义战士。1930年暑假前夕，东北籍同学约他回乡，他因忙于革命活动婉拒，“两个月假期，能做很多事，我不回去了”。

就在当年8月，石璞不幸被捕。敌人想以“年少无知，愿悔过自新，可免一死”来劝降他，被石璞断然拒绝。狠毒的敌人竟将他的年龄从17岁改为19岁，对他处以极刑。

师集贤："永别了！毋相忘"

1930年夏，在南京宪兵司令部的牢房内，一位浑身血肉模糊的革命者被残暴的敌人狠狠地扔了进去。见他大拇指上有深陷的血印，难友十分难过，原来他刚刚被捆住手指吊上房梁，被敌人挥舞着皮鞭抽打，但他始终严守党的秘密，没有向敌人说出任何"口供"。为了宽慰难友，他强忍着疼痛，幽默地说："不要紧，我今天是凤凰单展翅……"这位乐观无畏的革命者，就是师集贤。

20世纪20年代，师集贤在上海大学美术科读书时，曾受教于邓中夏、瞿秋白、蔡和森、张太雷、恽代英等革命志士，并有幸聆听李大钊讲授《演化与进步》《社会主义释疑》等专题讲座。在这些革命引路人的带领下，他受到了革命思想的熏陶，踏上了革命的道路。

师集贤（1899—1930）

师集贤擅长绘画，也长于文学诗歌等。他曾创作了一幅宣传画。画面中有一枚银元，一柄利斧带着呼啸声劈向银元。当同学们问师集贤这幅画的含义时，他说："银元象征着社会上万恶的金钱关系，利斧代表革命势力，现在我们就是要打碎金钱关系。"他曾以笔名"师露冷"创作出版新体长篇叙事诗《谁是我的妈妈》，并且亲自设计了红色的诗集封面。诗集揭露封建社会的丑态，

师集贤以笔名“师露冷”创作出版的长篇叙事诗《谁是我的妈妈》

描写劳动人民痛苦的生活，讽刺国民党反动统治的罪恶。

1930年，师集贤秘密加入了中国共产党。那时，他在南京国民政府审计院工作。他以职业为掩护，为党做了很多工作。南京成贤街12号，是中共南京地下市委机关所在地，师集贤冒着极大的被牵连危险，挺身做了房屋的担保人。他的一系列活动，引起了国民党特务的注意。7月，他因提供情报和掩护同志在南京被捕。

被捕后，师集贤将个人生死置之度外，只想着掩护组织和同志们的安全。即使敌人对他多次严刑拷打，他只说：“我是共产党员，其他人什么都不知道！”由于他的挺身掩护，与他同时被捕的刘高天、杨佩韦、王祉宜等人，被宣布“证据不足，无罪释放”。

临刑前，师集贤嘱咐同志们：“应为革命奋斗到底，莫为我做无谓的营救……永别了！毋相忘。”9月，师集贤牺牲于南京，时年31岁。

袁咨桐：“不怕死”的奋斗精神

雨花台烈士纪念馆陈列着一张特殊的照片。照片上的少年稚气未脱，眉眼俊秀，但眼神坚定，而照片的背面则写着“长别人世”四字。这是袁咨桐牺牲前留下的最后一张照片。这时他只有16岁，是已知姓名的雨花英烈中年龄最小的一位。

袁咨桐是贵州赤水（现习水）人。1924年，他在著名教育家黄齐生创办的达德小学读书。大革命失败后，袁咨桐随黄齐生辗转来到南京，后就读于南京晓庄师范小学部。1929年，袁咨桐秘密加入中国共产主义青年团，坚决走上革命道路。1930年初，袁咨桐升入晓庄附属劳山中学并担任地下团支部书记。就在这一年，袁咨桐因积极参加革命活动，先后两次被捕。

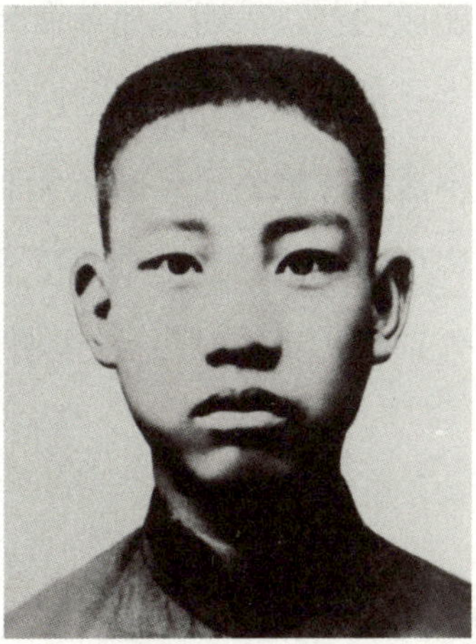

袁咨桐（1914—1930）

1930年5月，袁咨桐第一次被捕后，首都卫戍司令谷正伦的妻子以同为黄齐生学生的“师姐”身份，两次找袁咨桐谈话，企图动摇他的共产主义信仰，均告失败。后来袁咨桐在家人保释下得以出狱。出狱后他继续坚持斗争。三个月后，袁咨桐再次被捕。黄齐生亲自找到谷正伦，以同乡及师生关系，替袁咨桐说情。谷正伦提出条件，只要袁咨桐履行“自首”手续，即可释放。被袁咨桐严

1930年，袁咨桐（后排左一）与黄齐生等人的合影

词拒绝。

在狱中，他给二哥写了一封家书。信中写道："一个人到了不怕死的地步，还有什么顾虑的？有了这种舍己为公奋斗的精神，还怕理想事业不能成功？"表明了他革命到底、视死如归的决心。

敌人见劝降无望，决定对袁咨桐处以极刑。根据当时法律，未满18岁不能判死刑，于是敌人无耻地把他的年龄由16岁改成18岁。临刑前夜，袁咨桐在自己的照片上写下"长别人世"四字，交给难友，与大家做最后的告别。1930年9月，袁咨桐牺牲在雨花台，年仅16岁。

黄瑞生：不屈不挠的革命者

1929年，在江苏省高等法院法庭上，一位革命者临危不惧，以编好的口供对付敌人，他改籍贯、改姓名，并“坚不承认有加入共党情事”。敌人无计可施，只好以共党嫌疑重犯罪名，判处他有期徒刑1年6个月，解送吴县江苏省第三分监囚禁。在狱中，他领导难友们在早餐时“掷碎碗钵，宣布全体罢饭”。这位不屈不挠的革命者，就是时任中共南京党组织主要负责人的黄瑞生。

1918年，14岁的黄瑞生考入安徽省立第三甲种农业学校。该校是由朱蕴山、桂月峰、沈子修等当地一些爱国知识分子创办的，所聘教师多为进步青年。黄瑞生耳濡目染，思想进步很快。五四运动爆发后，黄瑞生积极参加反帝反封建的学生运动，被选为学校学生会的副会长。1921年12月，黄瑞生参加安徽六安农会，成为农会会员。

黄瑞生（1904—1930）

1925年，黄瑞生考入北京农业大学。年底，经学校地下党支部书记詹乐贫介绍加入中国共产党。1926年，黄瑞生任北京农业大学农艺系中共暨共青团支部书记。三一八惨案时，黄瑞生是抗议段祺瑞政府暴行的活跃分子。事后，他不顾危险，奔走各家医院，慰问受伤同学，并为殉难同学开追悼会。

1927年，四一二反革命政变后，为充实

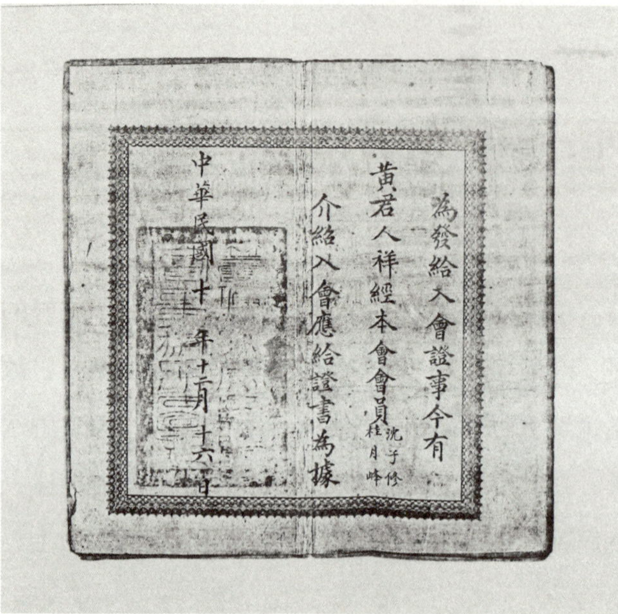
為發給入會證事今有
黃君人祥經本會會員沈子修桂月峰
介紹入會應給證書為據
中華民國十年十二月十六日

1921年12月，黄瑞生加入安徽六安农会的会员证

中共江苏省委的骨干力量，黄瑞生被调到省委工作。1928年11月，黄瑞生任中共南京市委宣传委员。在黄瑞生和其他市委领导同志的共同努力下，到1929年2月，南京市委先后恢复和发展了沪宁路工人支部等18个党支部、158名党员。1929年4月，黄瑞生任中共南京市委书记。

1929年5月，黄瑞生前往国民党中央军校开展工作时被捕。在吴县监狱，黄瑞生秘密地领导过一次绝食斗争。难友们高呼口号：“改善政治犯待遇，不准随意毒打我们，撤换看守所长温良！”敌人在惊慌中，派出军队进驻监狱，实行镇压。事后，敌人虽然没找到黄瑞生领导斗争的任何证据，但仍以参与斗争为由，延长了他的刑期。

1930年9月，黄瑞生因再次领导难友进行斗争，被枪杀于雨花台，时年26岁。

石俊：“死是为了人民更好的生”

在雨花英烈中有这样一个著名群体——晓庄十烈士。他们于1930年8月至10月相继牺牲于南京雨花台，牺牲时都非常年轻，把最美好的青春年华献给了党的事业。南京晓庄学校地下党支部书记石俊就是其中的鲜明代表，牺牲时，他只有23岁。

石俊，1907年出生于江苏如皋群安村一个破落地主家庭。父亲早逝，母亲一个人挑起了家庭的重担。年幼的石俊学习十分勤勉。1923年，他以优异的成绩考入如皋师范。

随着全国革命形势的高涨，如皋人民的反帝反封建斗争风起云涌。身处如皋师范的石俊受到表哥——共产党员石勋光的影响，也积极投身到反帝反封建的革命洪流中。1925年，五卅惨案爆发。石俊与如皋师范的进步学生积极响应，发起组织五卅后援会，动员群众进行示威游行。在革命斗争的洗礼中，石俊成长为如皋县革命群众运动的骨干分子。1927年，他被吸收为中共党员。

石俊（1907—1930）

1928年，石俊来到南京晓庄试验乡村师范（后更名南京晓庄学校）就读。他积极响应陶行知先生“教学做合一”的主张，组织学生挑水、劈柴、种菜、干农活。学生们都亲切地称呼他为“石哥

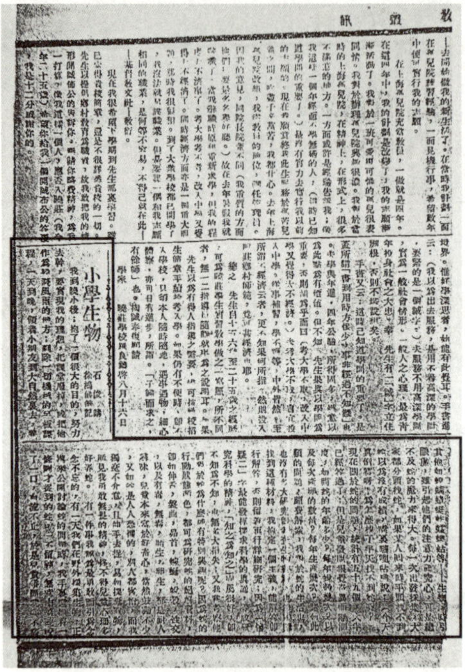

1926年6月，石俊在陶行知主编的《乡教丛讯》上发表的科普文章《小学生物》

哥”。因为出色的学习和工作能力，他在同学中很有威信，担任南京晓庄学校地下党支部书记，还被陶行知任命为晓庄中心小学校长。

石俊时刻不忘地下党员的身份，他以学生会的名义成立了以党团员为骨干的革命剧社和歌咏队，深入田间地头，和农民一同劳动，启发他们的革命觉悟。在他的影响下，姚爱兰、袁咨桐、沈云楼等一批进步学生纷纷加入了党和团组织。

1930年春，中共南京市委领导组织和记工厂工人举行大罢工，要求英国资本家给工人加薪。斗争开展后，英国资本家勾结国民党反动当局对罢工群众进行了残酷镇压，制造了震惊全国的四三惨案。惨案发生后，石俊带领100多名师生上街示威游行，声援和记工人反对英帝国主义及其走狗的斗争。

1930年7月，石俊在南京夫子庙组织集会示威时不幸被捕，9月牺牲于南京雨花台。临刑前，他豪迈地对难友说：“革命不可能没有牺牲，死是为了人民更好的生，共产党员为革命而死是光荣的。”

郭凤韶："且向百花头上开"

在雨花台烈士陵园北殉难处，静静矗立着一座烈士就义群雕像。其中有一名留着齐耳短发，目光坚毅的女学生代表。看到这座雕像，就让人想起郭凤韶烈士。

郭凤韶是浙江临海人。1925年，她参加了以“努力读书，改造社会”为宗旨的乙丑读书社。1926年加入中国共产主义青年团。1927年四一二反革命政变后，反动当局大肆逮捕屠杀共产党员和读书社成员，不少亲友担心郭凤韶安全，劝她退社。但郭凤韶却坚定地表示：“革命是我的第一生命，我决不退社！”

1929年秋，郭凤韶考入南京晓庄学校，在校期间转为中共党员。同年年底，她进入中共南京市委宣传部，从事地下交通员工作。为表达对革命事业的忠贞，郭凤韶创作了两幅画，以画明志，一幅是“且向百花头上开”的《红梅图》，一幅是《钟馗捉鬼图》。尽管革命道路充满了艰险，但郭凤韶心中却有一团烈火，她要做报春的红梅，驱走现世的“严寒”；她要做捉鬼的钟馗，除尽世间的“妖魔”。

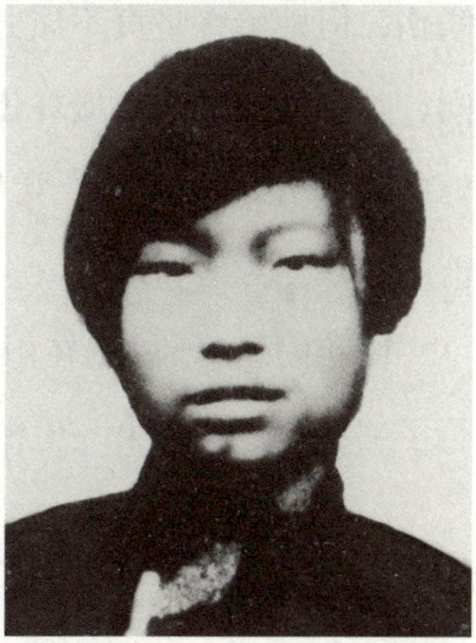

郭凤韶（1911—1930）

1930年，帝国主义和国民党南京政府制造了骇人听闻的四三惨案。在中共南京市委

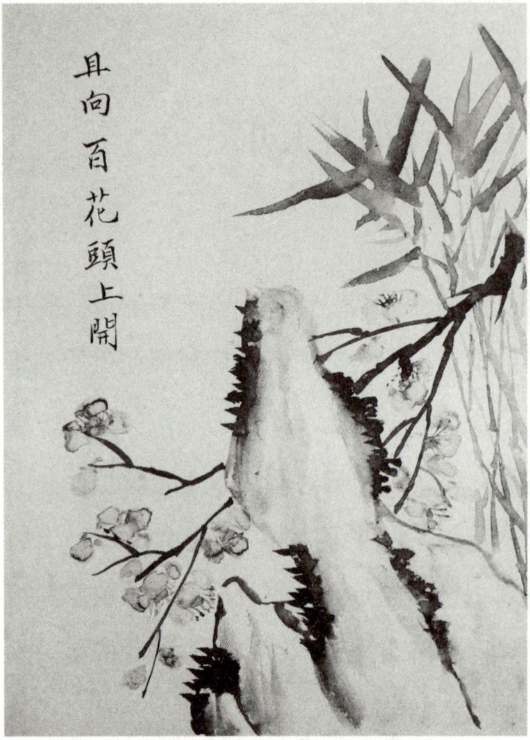

郭凤韶创作的《红梅图》

的领导下，南京的爱国学生进行了反对国民党反动暴政的示威游行。郭凤韶负责联络各大中学校，组织全市学生进行示威活动。

4月，晓庄师范被反动当局查封，郭凤韶秘密转移到无锡。同年9月，郭凤韶了解到共产党员徐一冰准备从无锡返回南京，参加营救被捕的同志。郭凤韶对徐一冰说，“你的目标太大，还是我去。”然后一把夺过船票上了船，冒着危险赴宁。

回到南京后，郭凤韶不幸被特务盯梢逮捕。入狱后，她被打得遍体鳞伤，但她始终坚贞不屈。临刑前，她怒斥反动军警：“我知道中国人中间，除了你们这一小撮坏蛋以外，都是好的，都是要革命的，他们中间最好的先进分子就是共产党员。你们想用逮捕、屠杀消灭他们吗？是不可能的！”

同年9月，郭凤韶在雨花台英勇就义，年仅19岁。她用年轻的生命践行了“革命是我的第一生命”的初心誓言。

谢纬棨：南国社的“小同志”

1928年1月，南京北郊寒风呼啸，晓庄学校礼堂内正举行化装舞会。突然，一位衣衫褴褛的苍老乞丐步入礼堂。同学们定睛一看，竟是18岁的谢纬棨，不禁哄堂大笑。

谢纬棨于1910年出生，湖南长沙人，自小生性活泼，酷爱看戏。当他看到母亲为操持家庭生计而忧愁时，体贴地为她解忧：“妈妈，您别发愁，我长大了去演戏养家。”1927年春，得知陶行知先生创办的晓庄试验乡村师范学校招生的消息，他远赴南京投考，成为晓庄师范第一届13名学生之一。

在学校里，谢纬棨是文艺积极分子。1929年初，田汉携南国社成员来到晓庄师范演出，谢纬棨临时受命上台出演独幕剧中的一个角色，出色地完成任务。不久，陶行知组织成立“晓庄剧社”，自己担任社长和编剧，组织学生排练剧目，赴镇江、无锡、苏州、上海等地演出。

谢纬棨（1910—1930）

晓庄剧社的成立，使得谢纬棨的戏剧天分有了用武之地。很快，他就成为剧社的顶梁柱。一次，剧社上演田汉的《生之意志》一剧，陶行知扮演剧中老父，谢纬棨扮演阔少儿子，惟妙惟肖的演出博得众人喝彩。

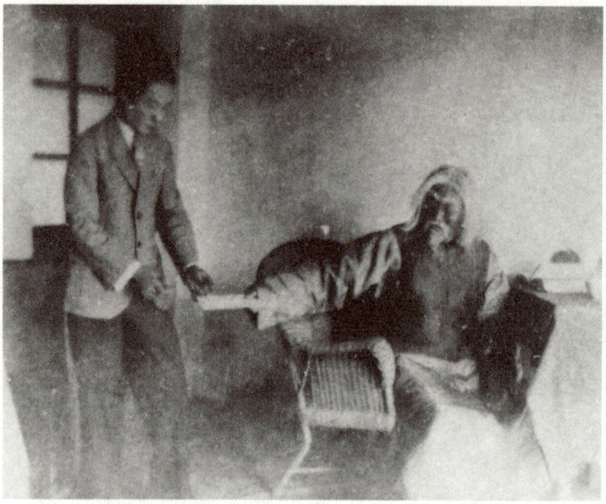

谢纬棨与陶行知同台合演的田汉的《生之意志》话剧剧照

在同中共党员叶刚等人的接触中，谢纬棨开始信仰马克思主义，成为党的外围组织的一名骨干力量。1930年4月，晓庄师范因参与支援和记洋行示威游行，被国民党反动当局下令暂时关闭，谢纬棨等人转移至上海。他改名宗晖，参加了南国社在上海中央大戏院上演的《卡门》一剧，扮演革命分子卢卡斯一角。他的表演能力得到淋漓尽致的展现，演出反响热烈。不久，该剧被国民党当局以“鼓吹阶级斗争，宣传赤化”为由勒令停演。9月，南国社也被查封。一个月后，谢纬棨不幸被捕牺牲。

“血在沸，心在烧，在这恐怖的夜里，他死了……”听闻凶讯后，“左联五烈士”之一的柔石，为谢纬棨写下了悼诗《血在沸——纪念一个南京被杀的小同志》，深情怀念这位年仅20岁的“小同志”。

恽代英：青年的“鼓舞者”

100多年前，一名爱国热血青年，萌发了创办“完善个人道德、为社会服务的新兴社团”的念头，并集结一群志同道合的青年创办“互助社”，带领成员积极投身五四运动，为挽救民族危亡不懈努力，展现了爱国青年的炽热情怀。他就是革命青年的楷模——恽代英。

1915年，恽代英在武昌的中华大学文科攻读中国哲学。学习之余，为了带动身边人一同进行道德修身，真正成为“周围人们的鼓舞者”，恽代英研究了各种方法。

1917年10月，恽代英和梁绍文、冼震、黄负生等创办了互助社。希望通过青年人普遍的道德提振，为投身社会政治、建立良善美好的理想社会做好准备。

恽代英（1895—1931）

互助社通过的草章有六条：“一、本社以群策群力，自助助人为宗旨，名曰互助社。二、社员每日开会一次，时间以半小时为限（后多实以一小时为限），遇事多，时间不足，得公决延长之。三、每次开会首静坐，数息百次（后多改为静坐五分钟），继读前会记录，继每人报告一日经过，并讨论一切事毕，诵《互励文》散会。四、每会将所议事记录之。五、自助方面，戒约如下：

1918年6月，恽代英（前排左三）与“互助社”成员在武昌的合影

不谈人过失，不失信，不恶待人，不作无益事，不浪费，不轻狂，不染恶嗜好，不骄矜。六、助人分两种：一为公共议决的，一为个人临时的。临时助人的事，可于开会时报告之，以便讨论或传播其方法。”

为了确保草章的执行，恽代英还制订罚款制度，规定社员若有迟到、起床迟、睡眠迟、修养和日程分数低的情况，要加以罚款，以示警醒。互助社成立后发展显著，且取得了明显的修身成效，就恽代英本人而言，“自有互助社后，以半月之力，借每日三省之功，居然将嫌恶人轻看人之性根扫净”。

后来在恽代英的领导下，互助社的部分成员积极投身五四运动。恽代英自己也于1919年5月6日，和学生林育南商议响应，起草并油印了600余份爱国传单《勿忘五月七日之事》，广为散发。他的英名，也与五四运动这一不朽的历史事件一起载入史册。

恽代英自1921年入党，至1931年牺牲于南京，曾引领大批进步青年加入革命洪流，无愧为“中国青年的楷模”。

马克昌：浩气深藏“雨花土”

2007年4月，云南昆明。弥留之际的百岁老人向自芳，向女儿呓语道：“我不能跟你爸葬在一起了。帮我要点雨花台的泥土吧，我死后要守着这土，就像守着你爸……”这位老人怀念了76年的丈夫，就是马克昌烈士。

1922年，14岁的少女向自芳，嫁给比她大两岁的同乡青年马克昌。马克昌教她识字，帮她做家务，还给她讲“男女要平等、妇女要解放”的道理。

1925年，马克昌考入云南省立第一师范学校，并加入昆明“青年读书会”进步社团。1929年，马克昌加入中国共产主义青年团。

这年4月，他的女儿马丽佳出生了。中秋节后，党组织指示马克昌前往上海。临行前，他抱着不满百天的女儿亲了又亲。到上海后，马克昌加入中国共产党，担任中共上海江湾区委书记。

马克昌（1906—1931）

1930年12月初，中共上海地下组织筹备游行示威活动。12月9日，马克昌怀揣着游行路线图，开完会返回住处时，被军警逮捕。他迅速将路线图揉成一团塞进嘴里。在搏斗中，直到马克昌的嘴被撬烂，敌人才终于得到了这份路线图。不久后，

马克昌妻子向自芳照片

敌人将他押解至南京，关押于国民党中央军人监狱。

敌人重刑逼供，给他上了老虎凳、电刑，却一无所获。1931年4月28日晚，敌人将马克昌押到别处牢房，并换了粗大的镣铐。马克昌知道自己即将“上路”，他向看守要了纸笔，看守以为他要写遗嘱，然而他写下的，却是一张张革命标语。第二天，敌人将马克昌押赴南京江东门外刑场，残忍地杀害了。

马克昌牺牲后，他的父亲对儿媳瞒下了凶信。这一年，向自芳才23岁。直到18年后，向自芳才知道丈夫已不在人世，她痛不欲生，誓不再嫁。

60年过去了，在向自芳弥留之际的病榻旁，马丽佳含泪提笔给雨花台烈士纪念馆写信诉说了母亲的临终愿望。两个月后，向自芳怀抱雨花台烈士陵园寄给她的一袋混合着松针和雨花石的“雨花土”，安详地离开了人世。

马丽佳将这袋“雨花土”，与父亲的照片、母亲的骨灰一起葬入老家的祖坟地。这对分离了大半个世纪的夫妇终于得以“团圆”。

朱杏南：变卖家产投身革命

江苏江阴临港街道夏港中街有一处民国故居，二层楼房，正屋面阔三间，进深七架，二侧厢进深三架，算得上是当时的“豪宅”。这里当年是党的秘密活动地点，家里用于联络暗号的花盆和茶几，现在就陈列在雨花台烈士纪念馆中。这栋楼房的主人，就是朱杏南烈士。

当时的朱家是个大户人家，朱杏南的祖父以经商发家，置田地500亩，曾是当地巨富。朱杏南成家后，分在他名下的田产有200多亩，他还与别人合资开设了酒坊，生活很是富足。

这位衣食无忧的富家公子很是同情穷人，他不明白，为什么穷人终日艰辛劳作却食不果腹？他曾慷慨施舍，也曾捐资建校舍，可这些努力依旧改变不了穷人的命运、社会的不公。为此，他一直在寻找能拯救整个社会的真理。

朱杏南（1898—1931）

1924年初，第一次国共合作的实现推动了全国反帝反封建运动的蓬勃开展，朱杏南深受鼓舞，积极投身革命运动。1926年，朱杏南加入中国共产党。大革命失败后，朱杏南参与中共江阴县委组织的多次农民武装暴动。1929年，朱杏南任中共吴县县委书记，在太湖、阳澄湖附近建立革命根据地。

当时，为筹措革命经费和营救被捕同

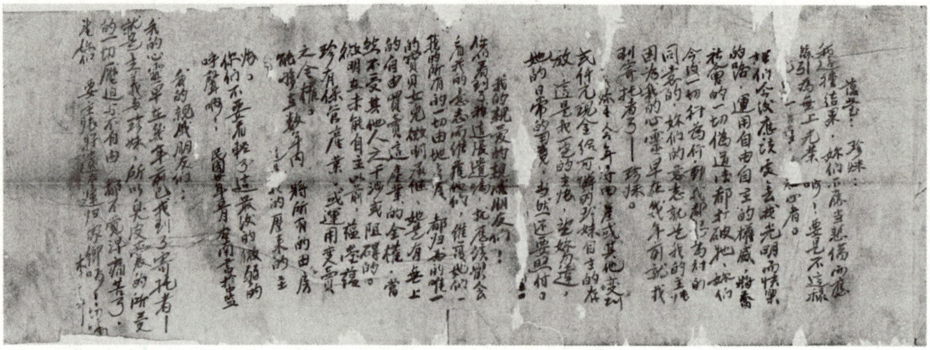

朱杏南在狱中写给妻子的信

志，他不惜变卖自己名下土地，动员妻子卖掉金银首饰，举全家财力投身革命事业。朱杏南一系列行动引起了敌人的恐慌，悬赏1000块大洋买他的人头。朱杏南听说后一笑了之，说没想到自己的命这么值钱。敌人曾数次包围朱杏南的家，企图除掉这颗“眼中钉”，但朱杏南凭着自己的机智勇敢，数度“虎口”脱险。

1929年9月，朱杏南在太湖等地开展农民运动时不幸被捕。之后，他历尽各种酷刑，并由国民党省党部、县党部、县政府、监察局、苏州驻军等五方会审，但朱杏南坚贞不屈。最后他被转送至南京国民党军政部陆军军署军法司监狱。

1931年，他在遗书中对家人表示，“蕴莹、珍妹：我这种结果，你们不应当悲伤而应当引为无上光荣的啊……你们今后应该处处去找光明而快乐的路，运用自由自主的权威，将旧社会的一切伪道法都打破。”

1931年5月19日，朱杏南在雨花台从容就义。

杨峻德：闽北播火

“红军是由民众中最勇敢最革命最忠实之分子组织起来的”“红军是民众的先锋队”……这些论点，出自《红军之意义》一文，明晰了革命军队在革命中的定位，强化了革命军队理论武装和思想建设。它的作者，就是毕业于中国大学法律系的高才生杨峻德。

杨峻德，1900年生，福建建瓯人。1921年考取中国大学法律系。1926年加入中国共产党，同年任中共建瓯支部宣传委员，参与领导和发动建瓯工农运动。

1928年初，杨峻德调任中共福州市委书记。他尤为注重武装斗争，同年11月在崇安建立脱产的武装民众队，筹设兵工厂，制造武器，准备在斗争中创立红色区域。为了激发同志们的革命激情，在一次会议上，杨峻德再三鼓舞大家的斗志：“我们革命是三起三落的，我们不要怕失败，有失败就有胜利的，大家不要怕。”

杨峻德（1900—1931）

为了在崇安打开局面，1929年2月，杨峻德发动了上梅武装斗争，集中了土炮土枪分两路围攻五夫，曾一度占领五夫，后受敌人反攻，被迫撤出五夫转入游击战。通过斗争，一个月后，逐渐形成和建立了以上梅和浦城边境为中心的游击区和铅山游击队，奠

中共福建建瓯支部旧址（建瓯市城关大甲巷7号）

定了闽北红色根据地和闽北工农红军的基础。

杨峻德接受过完整的高等教育，且在北京、上海等大城市学习生活过，是一位有知识、有眼界的年轻革命者。杨峻德参加革命后，充分利用了自身的这一优势。他善于搞调查研究，团结劳苦大众，辗转城乡各地开展革命，把自身的知识素养和革命实践相结合，逐渐形成了理论的火花，显示了这位毕业于中国大学法律系革命者的远见卓识和理论修养。

杨峻德根据党的建军原则和闽北红军建设需要等实际情况，完成了一系列的理论著述。他先后撰写了《红军之意义》《红军之组织》等文章。在《红军之意义》一文中，杨峻德指出："红军就是民众自己武装之组织"，"红军是有'铁的纪律'，是欲完成土地革命而革命的，而非雇佣式之军队"。这些理论都反映出杨峻德在革命军队理论建设方面具有的前瞻性。

1931年3月，杨骏德在前往厦门郊区出席厦门市委常委会途中不幸被捕，后解至南京，5月牺牲。

谭寿林：几度铁窗坚壮志

“生还何处寄萍踪，骤雨狂风肆逞凶。几度铁窗坚壮志，千番苦战表精忠。丹心贯日情如海，碧血雨花气若虹。三十一年生死别，遗篇再读忆初逢。”1962年，为纪念谭寿林烈士遗著《俘虏的生还》再版，他的革命伴侣钱瑛提笔赋诗一首，深情追忆自己的一生挚爱。

谭寿林，1896年出生，广西贵县（今贵港市）人。1921年，25岁的谭寿林考入北京大学文科预科。在北大读书期间，他系统地接受了马列主义思想。1924年，谭寿林加入中国共产党，随后参加了李大钊领导的中共北方区委工作。

1925年12月，中共梧州地委成立，谭寿林任书记。他大力宣传革命思想，积极领导工运、农运、商运、妇运等群众运动，并以梧州为核心，建立和发展了南宁、柳州、桂平、玉林等地的党组织。

谭寿林（1896—1931）

1928年，谭寿林在上海担任中华全国海员总工会秘书长期间，结识了钱瑛，不久两人结为革命夫妻。新婚不足百日，钱瑛被派往莫斯科学习。这期间，他们的女儿出生了。

1931年钱瑛回国后，党组织派谭寿林和钱瑛一起到洪湖苏区去工作。就在他们准备

中共梧州地委旧址（梧州市建设路兴仁巷4号）

出发时，中共上海工会组织突然遭到破坏，身为中华全国总工会秘书长的谭寿林坚持留下来处理善后工作，钱瑛只得独自一人出发。这一走，竟是永别。

1931年4月，谭寿林因叛徒告密在上海被捕，随即被押解至南京，牺牲在雨花台，年仅35岁。临刑前，他在狱中给妻子留下绝笔：“亲爱的，我们未竟的事业，我们满心憧憬的未来，还有我们的孩子，只有靠你一人去奋斗了，但请相信，在看得见你的地方，我的眼睛和你在一起。在看不见你的地方，我的心和你在一起。”

噩耗传来，钱瑛悲痛欲绝，立志要完成丈夫未竟的革命事业，终身没有再嫁。他们唯一的女儿，也没能存活下来。中华人民共和国成立后，钱瑛历任中央纪委副书记、内务部部长、中央监委副书记等职，为党的事业奋斗终身。

高文华：“真理的追求者”

“我们虽然苦，但我们的良心没有受罪。我们虽然苦，我们依旧有我们至高无上的精神的愉快。总之，我们是真理的追求者，我们是最公正无私的人，我们是最快活的人呀！”这是1929年12月高文华在狱中写给父亲的家书中的一段话。字里行间，满是对共产主义信仰的坚贞和对革命前景的信心。

高文华在写这封家书时已经被国民党反动派关押了一年多，但他没有丝毫颓废，而是始终坚定革命初心不改，用自己的方式坚持战斗。他曾说过：“为人类争真理的英勇斗争，才是奋斗。所以一个真正的奋斗者，决不顾虑牺牲的大小、成功的多少或者失败的。”

1924年，年仅17岁的高文华，怀抱着拯救国家于危亡的人生理想来到黄埔军校。1925年，他在风雷激荡的大革命洪流中毅然加入中国共产党，成为一名坚定的无产阶级革命者。

高文华（1907—1931）

高文华父母体弱多病，希望儿子回到身边方便照顾他们。父亲写信给他，表示家人已经替他找好工作，月薪60块大洋。希望他尽快结束学业，前去赴职。高文华拒绝了，他在回信中称：“我是一个革命者，我怎会受钱的牵动呢？老实说，山东有六百

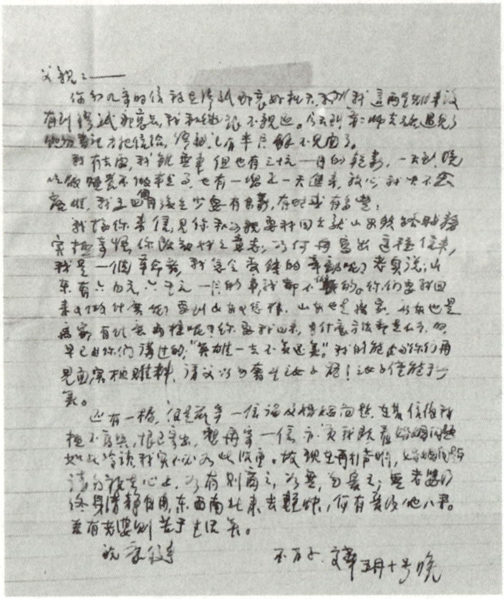

高文华在黄埔军校时写给父亲的信

元、六千元一月的事，我都不做的。”

大革命失败后，高文华断然拒绝国民党右派的极力拉拢，回到家乡无锡继续从事党的革命活动。1928年3月，高文华在前往周山浜汤家桥联络工作时，不幸被捕。

面对敌人，高文华誓死不屈，发出“要头有，要名单没有”的怒吼。在狱中，他把文艺当作武器，并用这样的“枪炮”“子弹”继续战斗，写下了《南风》《屈原》《饿囚之死》等揭露敌人和所谓“模范监狱”的穷凶极恶及各种反革命行为的战斗诗作，抒发了要坚守共产党人初心、誓死抗争到底的决心。

1931年7月，阴雨连绵。本来就潮湿不堪的江苏第一监狱闷热难耐，在恶劣的环境中，高文华染上了伤寒。因无法得到有效救治，高文华病逝于狱中。

文绍珍：千里寻党

1930年7月的一天，国民党中央陆军军官学校内戒备森严。校长蒋介石在众人簇拥下走进会场，准备对入伍生进行集体训示。然而，当他走上讲台时，竟看到台面上的“反蒋”“反新军阀混战”的传单，顿时勃然大怒。冒死把这些传单带入会场的，正是中共地下党员文绍珍和刘雪亮。

雨花英烈中有一批从黄埔军校走出的革命烈士，文绍珍是其中一位。文绍珍出生于1908年，湖南石门人，1926年考入黄埔军校第五期政治科。在这所国共合作创办的军校，他加入了中国共产党。1926年7月北伐战争开始后，文绍珍被党组织委派至国民革命军东路先遣军任连指导员，在战斗中他身先士卒，勇往直前。

1927年四一二反革命政变后，蒋介石下令清洗北伐军中的共产党员。此时，文绍珍所处东路先遣军正在蒋介石控制的福建、浙江一带活动，他的处境异常危险。未暴露身份的文绍珍在党组织安排下，在中共秘密党员王根僧营中任连长，由中央军委直接联系。

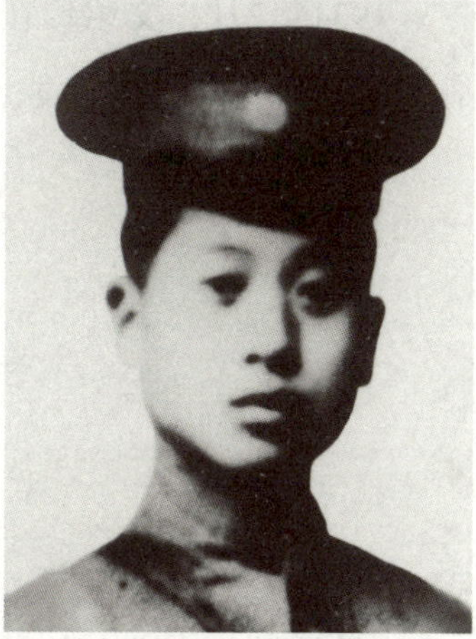
文绍珍（1908—1931）

随着白色恐怖日益严重，文绍珍在国民党军队中开展秘密工作愈加困难，甚至还与党组织失去了联系。身在虎穴的文绍珍，从

1927年，四一二反革命政变后，文绍珍在杭州拜谒岳飞墓时的留影

未忘记自己的初心，更未迷失在时代漩涡中，反而毅然辞去国民党军中职务，踏上寻找党组织的艰辛之路。

1927年，文绍珍在杭州拜谒抗金将领岳飞之墓，当他看到照壁上所写“精忠报国”四字时，感慨万千。他在墓前的留影上题写了“落伍的悲哀：独自一人！凄凉！惨酷！”等字迹，表达了他与党组织失去联系后的苦闷寂寥。

1929年，文绍珍辗转来到天津，在友人帮助下终于与党组织取得联系。在党组织安排下，他利用黄埔军人身份打入位于南京的国民党中央陆军军官学校，在森严的敌人营垒中积极开展兵运工作。

1931年7月，文绍珍在中共南京军委系统遭破坏后被特务盯梢，不久在北平被捕，后解至南京，8月牺牲。

李耘生：舍小家为大家

在雨花台烈士纪念馆展厅内，有一张温馨的三口之家合影。一对相貌俊秀的年轻夫妇，抱着一个活泼可爱的小男孩。这是南京党组织早期领导人——李耘生和他的妻儿。

李耘生，1905年出生于山东广饶的一个农家。1924年2月，他加入中国共产党。1926年冬，李耘生被派往武汉，任中共汉口硚口特区区委书记，从而结识了区委组织部部长兼妇女部部长章蕴。两人在工作中渐生情愫，不久便结为革命伴侣。1930年1月，他们在上海亭子间生下了儿子。

1931年初，李耘生夫妇来到南京，重建遭到严重破坏的党组织。李耘生以白下路贫儿院教员身份作掩护，秘密恢复和发展党组织。经过半年多努力，南京地下党建立了10多个支部，发展了近200名党员。

1931年底，李耘生被任命为中共南京特委负责人。为配合苏区红军的反"围剿"斗争，他在句容、溧阳等地建立了党的特别支部，组织了一支近百人的武装游击队。他经常怀揣地图，指挥战斗，有时接连许多天都无暇与家中联系。

李耘生（1905—1932）

冬日的一天，阳光和煦，李耘生回到南京与妻儿短暂相聚，全家人拍下了唯一的合影。但没过多久，这种温馨的幸福时光就被

1931年李耘生与妻子、儿子在南京的合影

打破了。

1932年4月的一个傍晚，因叛徒出卖，李耘生被捕。狡猾的特务将他两岁的儿子抱来隔窗相认。天真的孩子见到父亲，大声哭喊，向铁窗扑去。敌人就这样确定了他中共南京特委负责人的身份。

临刑前，李耘生托人转告章蕴：“过去百千斤担子我们两人挑，现在要你一个人挑了。”李耘生牺牲后，章蕴立下誓言，一是永远对党忠贞，二是绝不再嫁，独自挑起了继续革命和抚养孩子的双重担子。新中国成立后，章蕴曾任全国妇联副主席、中共中央纪律检查委员会副书记等职。

1982年6月8日，是李耘生牺牲50周年的纪念日。77岁高龄的章蕴来到雨花台，回首往昔，感慨万千，她挥手写下《如梦令》：“回首雨花台畔，别语匆匆遗愿。五十易春秋，日日在肩双担。双担，双担，未敢白头言倦”。

冷少农："希望你猛进"

"我之爱你，是望你将来为一极平凡而有能力为一般劳苦民众解决不能解决之各项问题、铲除社会上一切不平等之人物。苍儿！社会之新光在照耀着你，希望你猛进！"这是冷少农写给幼子苍儿的信，也是他写给儿子的唯一一封信。还没等儿子长大成人，他却于1932年6月牺牲在南京。

1925年，冷少农离开家乡赴广州参加革命，在黄埔军校政治部工作，同年加入中国共产党。1927年四一二反革命政变后，蒋介石大肆屠杀共产党人。在白色恐怖之下，冷少农独自潜入虎穴，成功打入何应钦身侧。他在敌人营垒中，长期从事秘密情报工作，一直不能回家探望。

当收到儿子写的信的时候，冷少农百感交集，既开心，又充满了愧疚。他在家信中对儿子说："收到你的信，使我无限的欢欣！使我无限的惭愧！你居然长这样大了，你居然能读书写字，并且能写信给我了。"他又写道："你的长大和你的教养，我都未负一些责任，同时却有累了你的祖母、伯父、母亲。虽然是社会和时代所造成，我的内心实不免万分惭愧。"

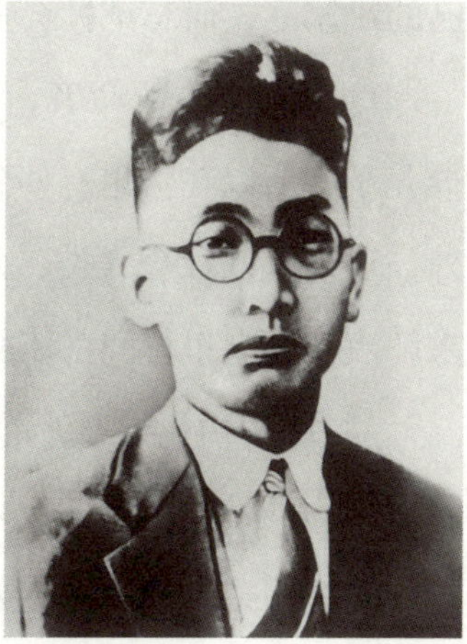

冷少农（1900—1932）

冷少农自25岁投身革命后，一直到32岁牺牲，从未回过家。7年来，冷少农常常想到远方的老母和幼子，也渴望一家老小共享天

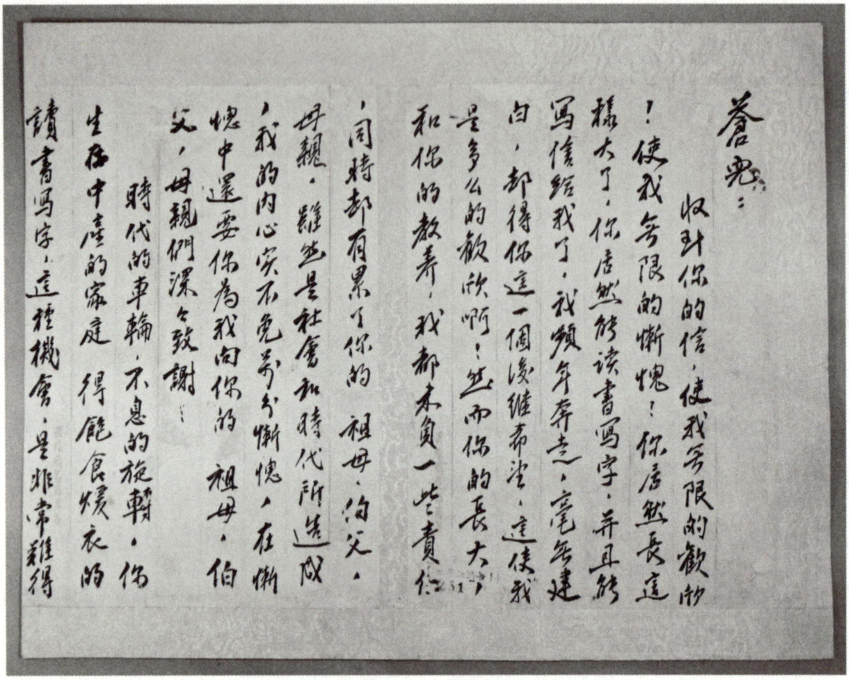
蒼兒：
收到你的信，使我无限的歡欣！使我无限的慚愧！你居然長這樣大了，你居然能讀書寫字，并且能寫信給我了，我頻年奔走，毫無建白，却得你這一個後繼希望，這使我是多么的歡欣啊！然而你的長大，和你的教養，我都未負一些責任，同時都有累了你的 祖母、伯父、母親，雖然是社會和時代所造成，我的內心实不免万分慚愧，在慚愧中還要你為我向你的 祖母、伯父、母親們深深致謝：
時代的車輪，不息的旋轉，你生在中產的家庭 得能食煖衣的讀書寫字，這種機會，是非常難得

1931年，冷少农写给儿子的信

伦之乐，可他还是强忍着思乡的痛苦。他在给母亲的信中提到“大多数的穷苦民众，他们人数这样的多，他们苦痛这样的大”，他觉得不能只顾自己的小家庭，而忘记社会责任。

冷少农是位革命者，也是位父亲。他担心自己不在家，不能亲自教导儿子，所以在信里有些急迫地告诉儿子：“一个人除解决自身的问题而外，还须顾及社会人类，而且个人问题须在解决社会人类整个的问题中去求解决。”字里行间都流露着一个革命者对儿子深沉的爱和殷切的期许。

“苍儿！社会之新光在照耀着你，希望你猛进”“对于你的要求，我将尽力的站在正确的立场，而允许你，而设法为你实现”。在信中，冷少农这样写道。这既是他对革命真理的坚定信仰，又是一个父亲对儿子的承诺。

曹顺标：若为革命故

“死是没有什么可怕的，我自从入团的那天起，就准备随时牺牲。如果我死了，只有两件事感到遗憾：一件是，再不能革命了；还有一件是，我只活了19年，还没有恋爱过。”这是曹顺标就义前在狱中向难友吐露的心声。这时候，他只有19岁。

曹顺标，1913年出生于浙江萧山。1928年，年仅15岁的曹顺标加入中国共产主义青年团。次年7月，曹顺标来到上海读书并从事地下革命工作。1931年春，曹顺标被校方查出在学生间传播马列主义书籍，被勒令退学。从此，曹顺标成为职业革命者，成为上海中学学生联合会负责人之一。

1932年5月，《淞沪停战协定》签订。在严峻的形势下，中共江苏省委决定发起成立上海民众反对停战协定援助东北义勇军联合会（简称“上海民联”），继续组织和领导上海人民的抗日斗争。因革命工作需要，曹顺标调任上海民联青年部任专职干事，协助青年部部长温济泽主持日常工作。

曹顺标（1913—1932）

1932年7月，曹顺标在上海共和大戏院（又名沪西共舞台）参加江苏省反帝代表大会时，被埋伏的军警抓捕。他被叛徒指认

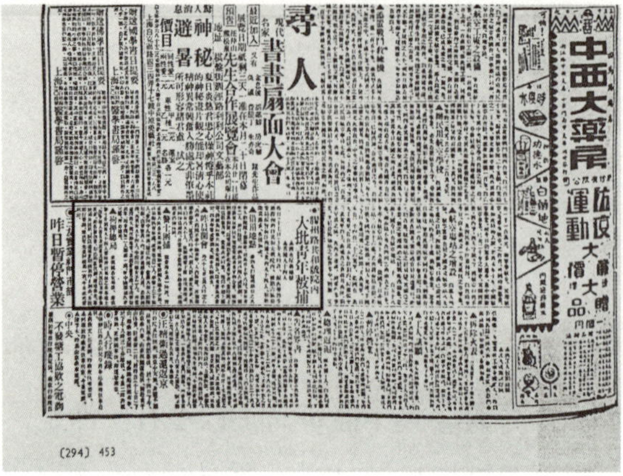

1932年7月18日，上海《申报》登载的共舞台案相关报道

为：共青团员、上海民联青年部部长。此时温济泽也被捕。温济泽得知曹顺标被误认为自己后，要去澄清，被曹顺标断然拒绝：“这怎么行，你的身份没有完全暴露，怎么能自己去承认呢？”

狱中的折磨是残忍的，曹顺标隐隐预料到自己的结局，遂嘱咐温济泽：“我死后，请你设法带信给我的大哥曹鼎，他是个党员。要他把我埋在大路旁，我要睁眼看着，等红军进了南京，才能闭上眼睛。”

这时的曹顺标只有19岁，在民联工作的时候，他遇到了一位女同志，彼此之间都有一种初恋的感觉，可是谁都没有开口挑明。在狱中，他背诵起了裴多菲的诗：“生命诚可贵，爱情价更高。若为自由故，两者皆可抛。”然后淡然一笑道：“多好的诗啊！我现在只有‘两者皆可抛’了。”

1932年10月1日，曹顺标与其他12名难友一起在雨花台英勇就义。他在19岁的花样年华，舍弃了生命和爱情，把一切都献给了信仰。

朱务平：为全国的人争人格

2019年清明时节，坐落于安徽省濉溪县临涣古镇的一座纪念馆经过一年多的筹建和布展，正式对外开放。馆内纪念的这位特殊“主人”，正是淮北地区党组织重要创始人之一——朱务平。

朱务平，1898年出生于临涣古镇的一户贫苦农民家庭，10多岁才进入私塾接受启蒙教育。1917年，他进入位于临涣的宿县第二高等小学就读。在这里他感受到，新式教育对社会进步和个人成长比传统私塾教育的力量更为强大。学习之余，朱务平开始阅读《新青年》《每周评论》等进步刊物，心中萌发了爱国与民主的意识。五四运动春风吹到临涣古镇时，他心中燃起了救国救民的火焰。他立即与徐凤笑等人在临涣成立学生联合会、教职员联合会，以实际行动声援北京学生爱国运动。

朱务平（1898—1932）

1923年春，朱务平考入徐州培心中学就读。入校不久，他被吸收加入中国社会主义青年团。在共产党员吴亚鲁指导下，朱务平积极投入反对帝国主义实行奴化教育的斗争中，并在中共中央机关刊物《向导》周报上发表题为《徐州教会学生奋斗的经过》一文，呼吁“全中国同学，群起帮助教会学校的同学并群起改良中国自办的学校”。这次斗争受到了团中央领导人恽代英的高度关

中共长淮特委机关旧址（蚌埠市二马路寿昌里10号）

注，他在《中国青年》上称赞这次斗争“为各地教会学生，而且为全国的人争人格了”。

朱务平在斗争中思想得到了进一步升华。1923年，在吴亚鲁介绍下，他加入了中国共产党。此后，根据党组织的安排，他返回家乡从事建党工作，扩大党在当地的影响力。四一二反革命政变爆发后，朱务平不惧白色恐怖威胁，坚持在宿县开展地下斗争。

1930年10月起，朱务平负责并主持中共长淮特委工作，他主动将工作范围扩大至工厂、铁路、学校、兵营等行业，利用各种社会关系，发动经济方面的斗争，在斗争中扩大党团员队伍，为发展该地区党的组织力量做出了重要的贡献。

1932年9月，因叛徒出卖，中共长淮特委遭到第三次破坏，朱务平在蚌埠门台子火车站不幸被捕。随后他被转押至国民党宪兵司令部看守所，11月在雨花台壮烈牺牲。

陈理真：永远做共产党员

1932年11月，在雨花台刑场上，敌人贼心不死，对一位共产党员进行最后的劝降："现在放你出去，你将干什么？""干共产党！"这位共产党员斩钉截铁地回答道。这位大义凛然、至死不渝的共产党员就是陈理真。

陈理真，1906年出生于安徽萧县庄里乡庄里村一户人家。年幼时，陈理真就读于家乡附近的私塾，在旧文化氛围中接受启蒙教育。不久，他以优异成绩考入位于徐州的江苏省立第七师范学校。

1927年，陈理真从师范学校毕业，回到家乡任教于一所小学。在投身教育事业的同时，陈理真开始有意识地关注身边劳苦大众的生活状况，目睹了地主阶级压迫穷人的种种恶行。此时，陈理真明显地感受到教书育人已经不能实现改造社会的愿景，只有参与到革命斗争实践中，才有可能改变被动挨打局面。

陈理真（1906—1932）

1928年春，在共产党员刘亚民等人介绍下，陈理真加入了中国共产党。入党以后，陈理真承担了中共萧县县委大量工作，为萧县革命工作开展做出了积极的贡献。次年春，陈理真根据党组织安排，先后在上海华南大学、大陆大学学习，同年8月参加中共中

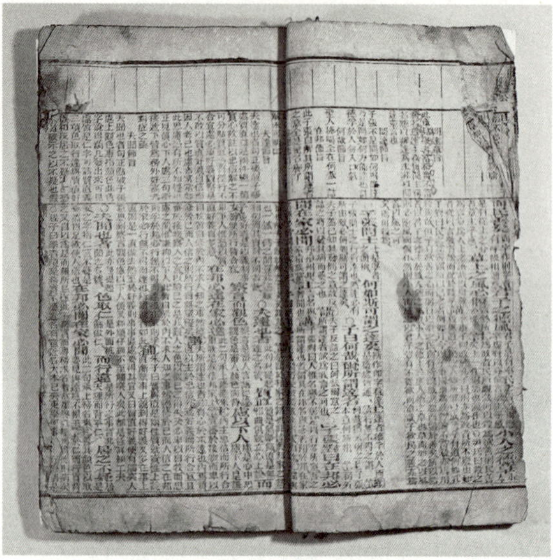

陈理真少年时读过的《论语》

央党训班学习。经过在上海一年多的历练，陈理真对党的认识更加深刻，也积累了丰富的革命斗争实践经验，他返回家乡开展革命活动的心情更为迫切。

1929年9月，陈理真被调往徐州参加恢复徐海蚌特委的工作。徐海蚌特委重建后，他担任特委宣传部部长，在白色恐怖中坚持开展党的地下斗争，尽一切努力推动当地工人运动、农民运动的发展。1931年4月，陈理真调任长淮特委书记，在主持长淮特委工作期间，他注意从群众最迫切的日常需求出发，利用各种机会深入蚌埠的码头、黄包车、面粉厂、毛巾厂等工人群体中开展工作。陈理真还对长淮特委的改组问题进行认真思考，为特委的组织建设探索有益经验。

后来，陈理真辗转于上海等地开展革命工作。不论环境多么险恶，他始终以饱满的热情践行着自己入党时的初心。1932年10月，他因长淮特委遭破坏在徐州被捕，后解至南京，11月壮烈牺牲于雨花台。

蒋云：将革命火种播撒在江苏大地

在雨花台，长眠着这样一位江苏籍英烈——蒋云。他深深热爱着家乡的沃土，在江苏大地上开展了一系列革命活动，使得星星之火播撒于长江两岸，激励着一大批革命志士砥砺前行。

蒋云，原名陈叔文，1903年出生于江苏省江阴县。他10岁入塾启蒙，父亲为磨炼其心性，规定他边读书边放牛。他请私塾老师先授课，然后回家边放牛边读书。放牛结束再到先生处，将所学内容一字不漏地背诵下来，先生以“神童”誉之。两年后，他便可做经义文章，史论对策都不在话下，同窗们皆钦佩不已。

1925年，蒋云自苏州工业专科学校毕业后，在他的哥哥、共产党员陈叔璇的影响下，回到江阴从事革命活动。1927年，蒋云加入中国共产党。四一二反革命政变发生后，蒋云坚持在江阴开展地下工作。在此期间他妥善处理了将革命力量转移到乡村的工作，并且冒着被捕的危险，通知陈叔璇等人回到乡下隐蔽，自己则留在江阴坚持革命活动。

蒋云（1903—1932）

其后，蒋云等人根据党的八七会议精神，开展江阴地区农民起义。蒋云写得一手好字，张贴在街上的革命标语，都是他亲手所写。在一系列革命活动中，他沉着冷静、

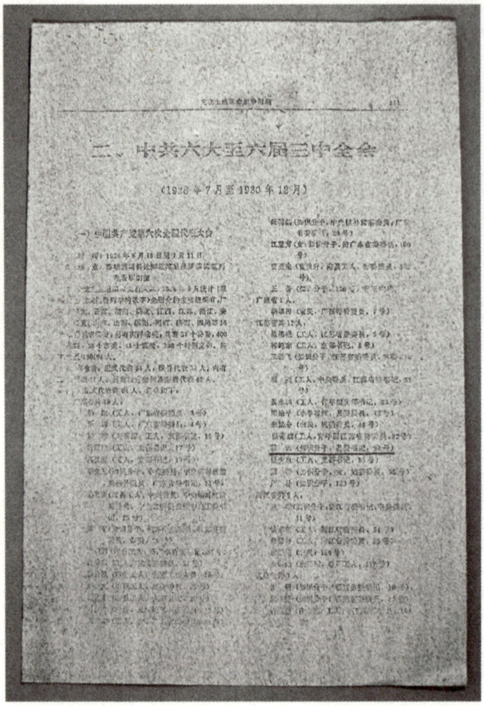
二、中共六大至六届三中全会

（1928年7月至1930年12月）

中共六大代表名单，蒋云作为江苏省委代表出席

勤恳履职，获得党组织认可。1928年1月，在中共江阴第一次党员代表会议上，蒋云当选为中共江阴县委书记。

不久，中国共产党第六次全国代表大会即将召开，江苏省委特别指定江阴县委书记蒋云和县委委员朱松寿为正式代表参会。5月，蒋云和朱松寿两人先从上海乘船到大连，后又转乘火车到哈尔滨，一路辗转终于抵达会议地点——莫斯科郊外的兹维尼果罗德镇。

6月18日，中共六大正式开幕。会上，蒋云对党的政策和党务工作提出意见，并对涉及工人、农民、土地、军事、宣传、青年等相关的议题展开广泛而深入的讨论。20余天的会议，使蒋云的视野从江阴迅速地扩展到全省甚至全国。

回国后，蒋云先后任中共江苏省委巡视员、中共徐海蚌特别委员会书记、中共江苏省（兼上海市）委员会候补委员。1931年12月，他在上海被捕，解至南京。1932年冬，他被国民党特务杀害。

姜辉麟：不惜头颅忠革命

“弃儿舍女叛亲人，走险挺身主义真。不惜头颅忠革命，千秋万代史留名。”这首诗是范志超同志1980年为悼念战友姜辉麟所写。这位女中豪杰，投身革命时已是4个孩子的母亲。她机智勇敢，曾在敌人眼皮底下送出枪支弹药。

姜辉麟，1897年出生于江苏松江一户贫寒家庭，自幼勤勉好学，但因家贫一直无缘入校。母亲见她求知若渴，便向景贤女校校长求助，才使她得以免费入学。小学毕业后，姜辉麟又在家自修三年，后到景贤女校分校任教。

1919年五四运动的新思想、新文化之风拨动了姜辉麟的心弦，加之经常聆听侯绍裘、恽代英等革命志士的演讲，使她思想上受到很大启迪。此后，她以极大的热忱投入到反帝反封建的进步活动中。

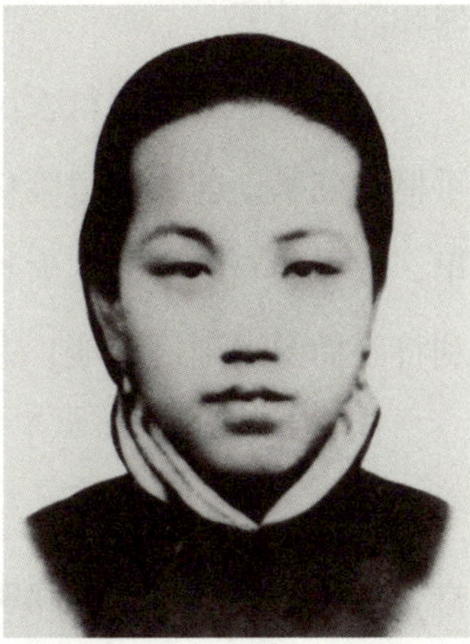

姜辉麟（1897—1932）

四一二反革命政变后，矢志以秋瑾为榜样的姜辉麟在一片白色恐怖中毅然加入共产党。此时的她已是4个孩子的母亲，最小的女儿才两岁。忙于革命工作的她，经常把孩子放在家里，由丈夫照料。有人劝她，你一个女人在家相夫教子多好，干革命可是要掉脑袋的。姜辉麟爽朗一笑说，“革命不

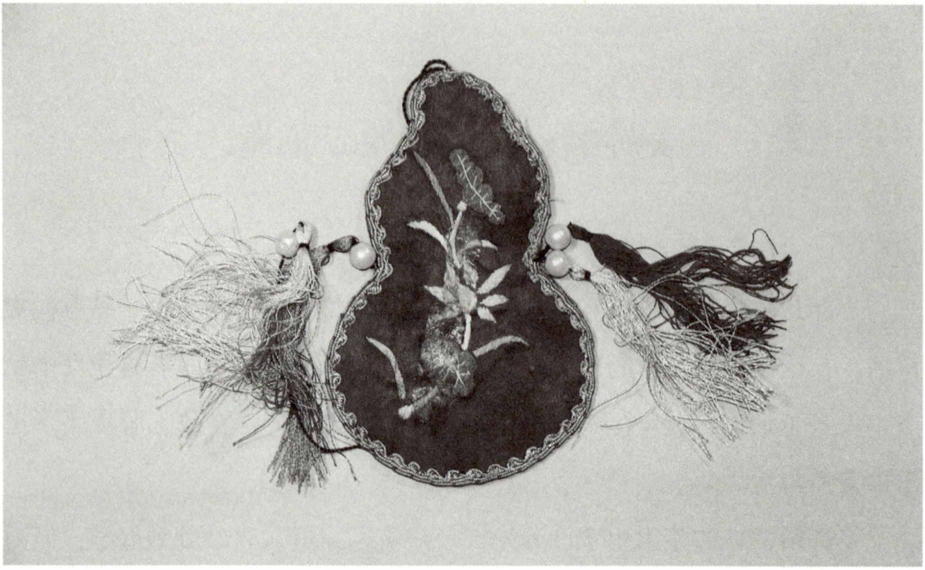

姜辉麟所绣荷包

怕死”。

1928年，姜辉麟被党组织委任为中共淞浦特委内部交通员，不久又被派到南汇、周浦等地区。在这期间，她始终将个人生死置之度外，常在敌人控制森严的上海、奉贤、南汇等地往返运送党的秘密文件、宣传品、武器弹药等。

1929年，奉贤庄行农民武装暴动前夕，姜辉麟主动要求担任运送土制手榴弹到暴动前线的危险任务。她打扮成农妇模样，把手榴弹裹在旧衣服里，放在装有农产品的大竹篮里，机智勇敢地躲过了敌人的层层搜查，顺利将手榴弹送到目的地，为第二天的暴动提供了充足的弹药。

1932年，姜辉麟为了革命工作，毅然离开家人来到南京工作。同年冬，她在返回上海途中在镇江被捕。在南京狱中，她受尽了敌人的严刑拷打，但她始终坚守党的秘密，不曾向敌人吐露半个字。这一年年底，她不幸牺牲。

丁香：永远洁白的丁香花

雨花台烈士纪念馆陈列着一张珍贵的照片，一名留着齐耳短发的清秀女子坐在钢琴前，背后的琴架上放着一名年轻男子的照片。这是丁香和丈夫乐于泓留给后人的唯一一张特殊“合影”。

1910年，丁香出生于苏州。1925年，在东吴大学读书时，丁香遇到了进步青年乐于泓。两个人常在一起讨论时事、听进步演讲，共同的理想，让两颗年轻的心走在了一起。1930年4月，丁香加入中国共产主义青年团，次年转为中共党员。

1932年4月，经组织批准，丁香与乐于泓在上海结婚。婚后，他们的家成为地下党的秘密交通站。丁香弹得一手好钢琴，乐于泓喜欢拉二胡。如果听到丁香弹出舒缓的乐曲，就表示平安无事；如果听到乐于泓拉出凄婉的曲调，就是提醒情况危险。

1932年9月，丁香被派往平、津一带工作，因叛徒出卖不幸被捕，不久解至南京。当年12月，丁香牺牲于雨花台，年仅22岁，此时她已怀有身孕。噩耗传来，乐于泓冒着生命危险赶往雨花台，痛悼爱妻，并立下“情眷眷，唯将不息斗争，兼人劳作，鞠躬尽瘁，偿汝遗愿”的誓言。

丁香（1910—1932）

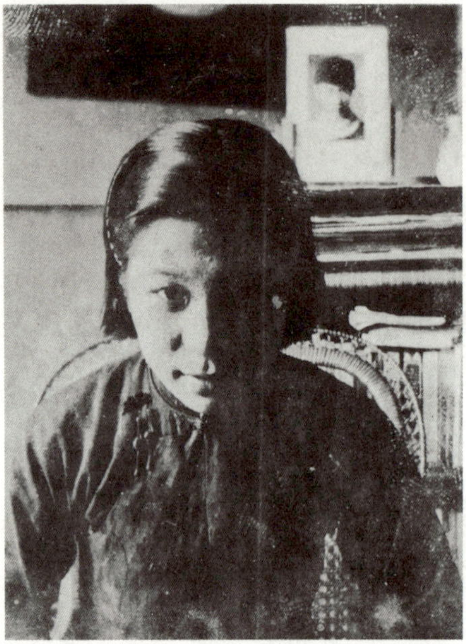

1932年，丁香与乐于泓结婚后在上海家中的留影，身后钢琴上是乐于泓的艺术照

乐于泓对于丁香的思念从未停息。他在《丁香烈士小传》中，用“聪慧过人”来形容幼年的丁香，又赞她“具备勤劳朴实、坚毅勇敢、独立思考、触类旁通的美德”。他回忆两人相识相知相恋的日子：“丁香和我相知日深，我们常在一起谈论时事，接受进步思想。记得我和她在一起听过萧楚女的演讲，一起进行过爱国募捐，支援罢工工人运动等革命活动。”

1982年，在丁香牺牲50周年的纪念日里，乐于泓来到雨花台，在丁香就义的地方，亲手种下了一棵丁香树。1992年，乐于泓病逝，家人按照他的遗愿，把他的骨灰埋在了雨花台的丁香树下。

2010年，乐于泓家祖屋拆迁，他和丁香的这张特殊合影重现于世。此时距离丁香烈士牺牲已经过去78年，也是人们首次看到她的真容。

如今，在雨花台的丁香路，每年清明前夕都会开出洁白的丁香花，一批又一批人来到这里，在丁香树下倾听这对革命眷侣动人的爱情故事。

李治邦：勇敢的好儿郎

在贵州省六盘水市六枝特区郎岱古镇，苍翠连绵的大山深处，矗立着一座100多“岁”的古宅，木质的房梁，随处可见岁月斑驳的痕迹。一个世纪前，这栋老宅子里的一盏桐油灯经常点到深夜，灯下是一名少年充满求知的面庞，这名少年就是李治邦。

李治邦，又名李伯平，1907年出生于郎岱。兄妹4人，他是长子。他的父亲经营着一个小杂货铺维持全家生活。作为长子，李治邦不仅抢着做家里的活计，见到乡亲有困难也热心帮助。

李治邦读书十分用功，放学回家后常挑灯苦读。在郎岱求学期间，他阅读了大量进步书籍，萌发了革命思想。当他的母亲拿出裹脚布，要给两个妹妹缠小脚时，李治邦挺身而出，极力劝说母亲，最终使她放弃了这个陋习。他还劝说父亲，女孩子也有读书受教育的权利。最后两个妹妹不仅没有缠足，还进入了新式女子小学读书。

李治邦（1907—1933）

1926年，李治邦考入贵阳省立师范学校。3年后，他以优异的成绩考入贵州大学。李治邦在贵阳求学时的同学林辰曾回忆道：“伯平忠厚耿直，在学校里功课很好。”

随着新思想影响不断深入，李治邦和同乡几名进步青年将目光投向了社会风气极为

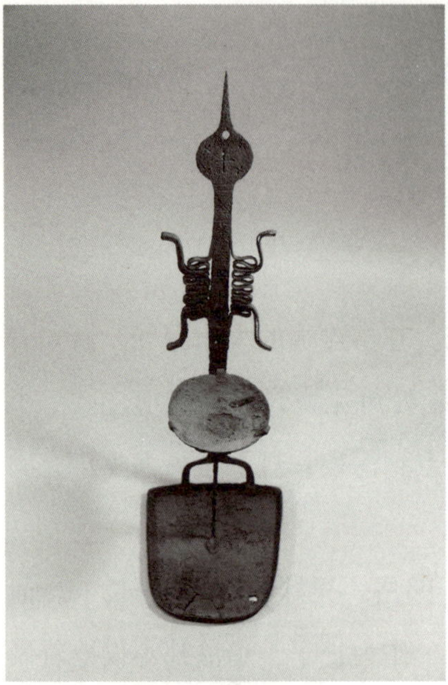

李治邦读中学时用的油灯

开放的上海。尽管当时贵州军阀对青年学生进行严格管控，但他们历经一个多月的时间，通过绕道长沙等方式，终于抵达了上海。

1931年，李治邦考入上海法学院。他没有在大上海的灯红酒绿中迷失，而是结识了一批志同道合的革命青年，共同关注着祖国的前途和命运。九一八事变后，他投身于抗日救亡洪流中。不久加入了共产主义青年团，次年转为共产党员，由一名书生成长为革命战士。

1932年冬，李治邦因国民党当局检查信件时暴露身份遭逮捕，随即被押往南京。敌人还两次前往郎岱，抄走了他所有的家信。在狱中，李治邦受尽了酷刑，坚决不肯吐露半点党的秘密。1933年3月，李治邦被杀害于雨花台，时年26岁。

乡亲们永远铭记这位“勇敢的好儿郎”。郎岱解放后，县委为李治邦召开了追悼会。如今，郎岱烈士陵园仍有他的衣冠冢。每年清明，墓碑前都会放满鲜花。

张炽：立志走革命的大路

“我现在不忍心见国家沦亡，不忍心见同胞穷苦，将为奴隶。立志走这条大路，作这种有价值的工作。你说你要跟我前进，就请一同前进罢！”这是张炽给三弟信中的一段话，他用朴实的语言表达了自己坚定革命的价值取向，并勉励三弟子昭成为革命后来者。

张炽，1898年出生于滇东高原腹地的路南县。在高小学习时，就受到孙中山革命思想影响，有忧民之心和报国之志。五四运动爆发后，新思潮、新思想涌入云南，张炽也在这场反帝爱国浪潮中接触到马克思主义著作和新文化刊物，从而逐步树立起改造社会的人生理想。

1924年张炽来到北京，考入北京民国大学政治经济系学习。在这里，他不仅认真钻研功课，还积极参加进步群众组织，以及北京青年学会、读书会和平民教育研究会。进步理论的滋养和实践的淬炼，使他愈发坚定了“要革命，要实行国民革命，打倒帝国主义……”的人生理想。就在这一年，张炽在刘平楷、姚宗贤的介绍下，加入中国共产党。

张炽（1898—1933）

成为一名专职革命者后，张炽迅速投身到紧张的革命活动中。1926年5月，张炽受中共北方区委派遣，以特派员的身份前往大连巡视，并担任中共大连地委宣传部部长。

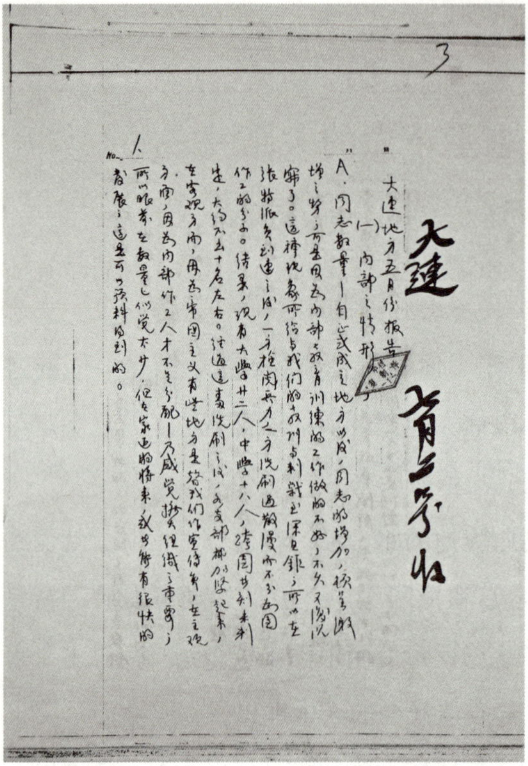

1926年，大连地委写给北方区委的报告，充分肯定和高度评价了张炽的工作

他为巩固和发展大连地区党组织所开展的工作，获得了当地党组织和同志们的高度评价。

之后，根据党组织安排，张炽辗转广州、云南、南昌、上海多地从事革命斗争活动。不幸的是，1930年7月他在上海组织发动法租界电车工人罢工斗争时被捕，解至南京。

在狱中，张炽也不曾停下斗争的步伐。他把意志坚定的党员团结起来，成立狱中秘密党支部并担任书记；将斗争坚决的骨干组成互济会，帮难友们解决各种实际问题。为发动组织狱中难友，他还编写秘密小报《生活》，宣传党的政治主张，鼓舞难友。

1932年冬，因叛徒出卖，敌人得知张炽是《生活》报主编，将他作为重点分子进行审问。张炽毫不屈服，给战友们留下了“坚持斗争，打倒国民党的反动统治！”的铿锵遗言。

1933年4月，35岁的张炽在雨花台从容就义。

杨振铎："生死在所不计"

"十载寒窗易铁窗，年争日斗履冰霜。监牢饮马长江水，禁遏英雄逞豪光。"这首藏头诗，是杨振铎在狱中所写。他于1927年、1930年两次被捕入狱，即使身陷囹圄，仍坚持斗争。对杨振铎而言，监狱不是革命事业的终点，而是新的革命战场。

1927年四一二反革命政变后，上海浸染在腥风血雨之中。在此坚持革命工作的杨振铎因"C.Y（共青团）捣乱分子嫌疑"罪名被捕，判处有期徒刑10年，关押于上海漕河泾江苏省第二监狱。

未暴露真实身份的杨振铎，化名杨金铎，在狱中先后4次上书申诉。他在申诉书中写道："金铎之经过历历俱在，何所据而加我以捣乱派之罪名？更何凭科我以十年之刑期？青天白日之下，竟无法律耶？"

杨振铎（1905—1933）

面对亲友"痛改前非，早日还家"的规劝，他复信驳斥："前非何在？痛改何从？天下兴亡，匹夫有责，皮之不存，毛将焉附？我之奔走，正是为拯救我国父老兄弟诸姐妹们于水深火热之中。我有坚定不移之意志，百折不回之精神，生死在所不计。"

经过各方营救，杨振铎被无罪释放。出狱后，他又紧锣密鼓地投入到革命工作中，不久担任共青团江苏省委书记。1930年，他

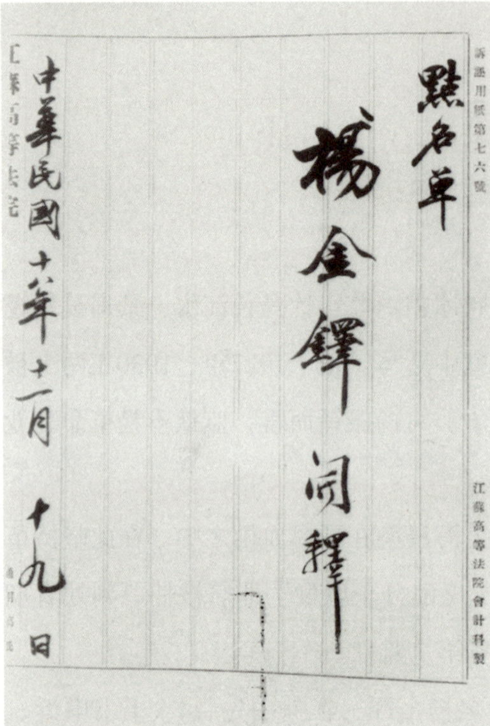

點名單
楊金鐸 同釋
中華民國十八年十一月十九日

1929年11月，杨振铎被释放时的点名单

以省委代表身份出席会议时不幸再次被捕，判刑9年11个月，辗转关押至国民党中央军人监狱。

面对恶劣的狱中条件，尽管遭受肉体刑罚和精神摧残，杨振铎始终保持昂扬的斗争意志。他联络陈洪、张炽等人秘密组建狱中党支部，领导难友开展狱中斗争。难友惠浴宇回忆，杨振铎组织难友学习文化理论知识，并组织翻译组，借口翻译工作需要，趁机引进了马列经典的外文原版书，如《资本论》《唯物辩证法》等，影响了一批狱中同志。

1933年，因叛徒出卖，杨振铎被改判死刑，在雨花台就义。这位20岁入党、牺牲时年仅28岁的革命者，用年轻的生命践行了自己“坚定不移之意志，百折不回之精神，生死在所不计”的铿锵誓言。

陈原道：“头可断，而救国苦衷不可灭”

“身可杀，而爱国热血不可消；头可断，而救国苦衷不可灭！”在雨花台烈士纪念馆，珍藏着一幅泛黄的手稿。令人叹服的是，写下这句子的作者陈原道，当时只有21岁。

1921年夏，陈原道考入安徽省立第二甲种农业学校。此时，五四运动正蓬勃于中国大地，加之恽代英、萧楚女常到学校讲学、宣传革命，陈原道深受影响，接受马克思主义和新思想的洗礼。

1923年，日本帝国主义拒不交还租期已到的旅顺、大连。作为芜湖爱国学生领袖，年轻的陈原道挥笔写下《坚持抵制日货广告》的战斗檄文，疾呼：“国家贫富，兵戎强弱……苟坚持之，小利不能动其心，私欲弗能夺其志。身可杀，而爱国热血不可消；头可断，而救国苦衷不可灭。”

陈原道用一生来践行“初心”。1925年，他加入中国共产党。1932年11月，陈原道任中共江苏省委常委兼上海革命工会党团书记。1933年1月，陈原道在上海被捕，解至南京，同年4月牺牲于雨花台。

陈原道（1902—1933）

陈原道的遗腹子刘纪原曾表示敌人让父亲写“自首书”，他坚决不从，并用绝食来表明自己的立场……当父亲预感到来日无多时，他把大衣送给监狱里的年轻同志，嘱咐

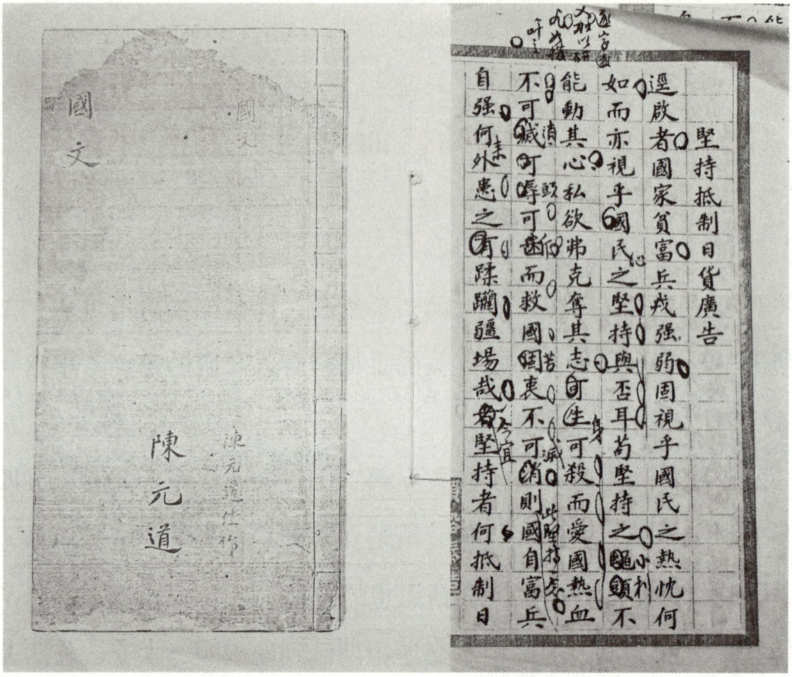

國文

陳元道

堅持抵制日貨廣告

邇啟者國家貧富兵戎強弱固視乎國民之熱忱何如而亦視乎國民之堅持與否耳苟堅持之[illegible]不能動其心私欲弗克奪其志可生可殺而愛國熱血不可滅可辱可斷而救國圖衷不可消則國自富兵自強何外患之有蹂躪疆場哉[illegible]堅持者何抵制日

陈原道撰写的《坚持抵制日货广告》文章

他们坚持斗争，后慷慨赴死。

陈原道牺牲时，他的孩子在母亲腹中已经5个月。出生后，外公为了让他永纪父亲，为他取名“纪原”。小学三年级时，小纪原写了一篇《想起我的爸爸》的日记，表达了对父亲的无限怀念，立志继承父亲遗志，长大后为国家做贡献。

“父亲的初心，也是我一生奋斗的‘精神之根’。多少次，在看似‘不可能’的艰难险阻面前，父亲的精神一直支撑着我，迎难而上，永不言弃。”刘纪原说。他曾经出任中国航天工业总公司总经理兼国家航天局局长，在任期间力推改革，开创了航天质量工作的新局面。2011年10月2日，刘纪原获得国际宇航科学院授予的航天领域最高奖项——冯·卡门奖。

毛福轩：跟随毛泽东干革命

“为有牺牲多壮志，敢教日月换新天”，这是毛泽东所作的《七律·到韶山》中的著名诗句。在诗中，毛主席深情回忆起曾经和他一起为了革命作出巨大牺牲的韶山人民，这其中就包括了中共韶山支部第一任书记——毛福轩。

毛福轩，1897年4月出生于湖南省湘潭县韶山冲一户贫苦家庭。父母曾当过地主的雇工，虽常年忙碌，但仍然无法解决生计，一家人常常依靠乞讨度日。

后来，毛福轩结识了同村的毛泽东。毛泽东当时正在长沙读书，每次返回韶山，毛福轩都去他家求教。毛泽东用通俗易懂的语言向他解释地主是如何剥削农民的，贫苦农民只有联合起来才能最终推翻残酷的剥削制度。从此，毛福轩变成了毛泽东家的常客，他在心里悄悄埋下了革命的火种。

毛福轩（1897—1933）

1922年秋，毛福轩带着改变社会的强烈愿景来到长沙，正式走上了革命的道路。他进入湖南自修大学附设的补习班半工半读，在身边一批知识渊博的进步青年影响下，毛福轩很快掌握了一些马克思主义的基本原理。他认真研读学校自编的《告中国的农民》讲义，讲义中提出的“土地集中在少数

1925年6月，中国共产党韶山支部成立，这是我党在湖南农村建立的最早的基层组织之一。这是中共韶山支部旧址

人手中，是社会上贫富的悬隔越甚，阶级的区分越明，一般农民的生活越苦的原因了”等观点烙印在毛福轩的脑海中。

1922年底，毛福轩在安源加入了中国共产党，成为韶山最早的5名共产党员之一。从此他全身心地为党工作，也成为了毛泽东在韶山地区开展农民运动的得力助手。1925年6月，毛泽东主持了4名农协骨干的入党仪式。随后，毛泽东宣布中共韶山支部正式成立，毛福轩担任第一任书记。韶山农民运动揭开了新的篇章。

因中共湖南省委组织遭到严重破坏，毛福轩于1928年春转移至上海，随后打入国民政府金山县公安局从事情报工作。20世纪80年代广为人知的电影《特殊身份的警官》主人公原型，就是毛福轩。

1933年初，上海党组织遭到严重破坏。由于叛徒出卖，毛福轩不幸被捕，后解至南京。敌人对他进行严刑逼供，他始终坚贞不屈。这一年5月，毛福轩在雨花台英勇就义，时年36岁。

吴振鹏：不灭的“红灯”

在雨花台，长眠着一位安徽安庆籍的英烈吴振鹏，他年少丧双亲，在底层艰难求生存，但他不怕困苦，不畏强权，不惧生死，以笔为枪，以文为拳，为穷人求解放而不断书写战斗。

1925年，安庆地方党团组织安排吴振鹏到上海大学深造，就在这年夏，他加入了中国共产党。五卅运动后上海大学校址被反动派查封，于是吴振鹏被安排到工厂最集中的引翔港，从事工人运动。吴振鹏穿上工装，与工人同吃同住，亲历了工人们在外国资本家压迫下的非人生活。后来他在《中国青年》上发表了纪实体小说——《端午节》，控诉了帝国主义资本家对工人的压榨和迫害，引起了较大的社会反响。

1927年，吴振鹏任共青团江西省委书记，主编团机关刊物《红灯》。吴振鹏在该刊发表了很多抨击蒋介石及国民党右派的文章。在第11期上他发表了《红灯之下的蒋介石》，揭露蒋介石是“督师北伐而变为督师屠杀民众的总司令”。在第15期上他又写了《杨花水性的姑娘》，揭露貌似革命的江西省主席朱培德的反革命伎俩。在吴振鹏的领导下，江西省的青年运动有力配合了党领导的革命斗争，但也引起了反动派的报复，《红灯》被公开查封。

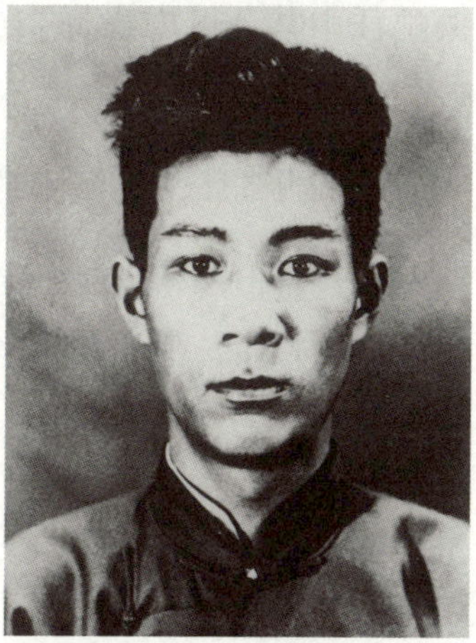

吴振鹏（1906—1933）

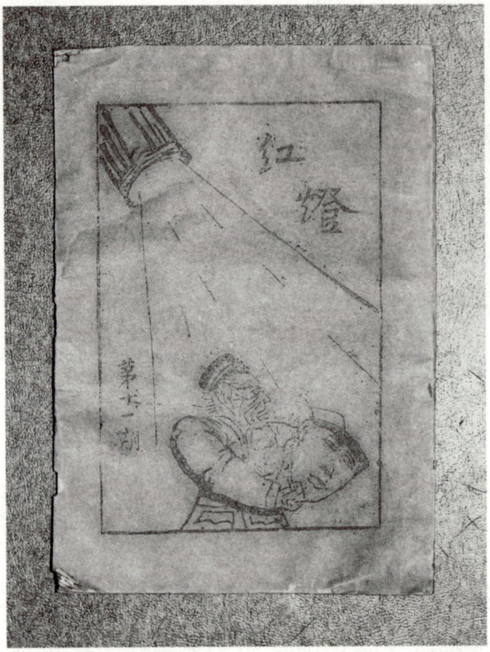

吴振鹏主编的共青团江西省委机关刊物《红灯》，封面为吴振鹏亲手绘制

1928年7月，吴振鹏在共青团第五次全国代表大会上当选为团中央委员。同年9月，按照党团组织指示，他积极组织上海总同盟罢工。在吴振鹏的组织下，以青年工人为主体的群众队伍在南京路等地进行了示威和游行，并散发了《全上海的青年工友们》《准备着！青年工友们！》等传单，当时整个上海都为之震动。

1929年，吴振鹏以团中央代表的身份参加了香港青年工人代表大会，并组织成立了香港反帝大同盟。回到上海后，他写了《最近香港青年工人之活动（香港通讯）》发表在《列宁青年》上。1930年10月，吴振鹏任中共苏区中央局委员，后任中共中央巡视员，负责巡视江苏、上海、安徽、浙江等地。

1933年5月，吴振鹏巡视工作结束后回到上海法租界住所时不幸被捕，后解至南京，关押于国民党宪兵司令部看守所。同年6月在狱中病逝。一个月后，他的女儿来到了世上。

黄励："女囚"之歌

1933年7月4日，国民党宪兵司令部看守所女牢里，一名面容秀丽端庄的年轻女子，剪下自己的一绺头发，交给同狱难友，深情地说："头发受之父母，我剪下一绺，请你出狱后交给老杨。他这时正在西牢里，受着敌人的折磨，他也在斗争……"

这名女子就是黄励，一位巾帼不让须眉的女党员。1905年，黄励出生于湖南益阳。1925年加入中国共产党，同年10月赴莫斯科中山大学学习。1931年秋回国，任中国革命互济会主任兼党团书记。1932年冬任中共江苏省委组织部部长。

1933年4月25日，黄励在寓所被捕。在法庭上，她化名张秀兰，坚决不承认自己的身份。面对叛徒指认和法官劝降，她坚定地说："我绝不贪生怕死，不要用什么自由、职位来引诱我……"

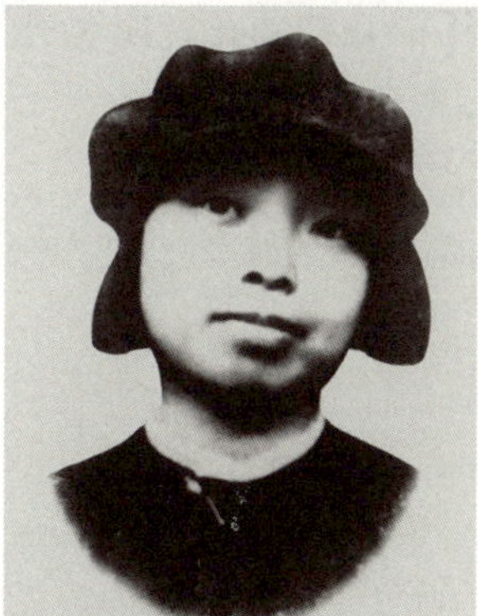

黄励（1905—1933）

国民党当局为了软化黄励，特地将她安排在女牢的"优待室"里。黄励就利用行动自由的便利，为狱中的同志们传递消息。狱中有位叫张良诚的看守班长为人正直、思想进步。黄励见此，便主动接近张良诚，将革命理想传达给他，张良诚也逐渐认同起革命来。

此后，张良诚便开始为黄励传递消息和信件，甚至将一些狱中叛变者的情况偷偷告诉黄

黄励与爱人杨放之在莫斯科郊外的合影

励。一次，他把陈赓委托的一张纸条和5元钱交给黄励时，被与黄励同牢房的人员发现并偷偷举报。宪兵司令谷正伦知道此事后大为震惊："共产党的赤化竟做到我的心脏里来了，这还了得！"决定将张良诚处以极刑。黄励也因此被改判死刑。

临刑前一晚，黄励剪下了一绺头发交给同狱难友钱瑛同志，请她出狱后代为交给自己的革命伴侣杨放之。1933年7月5日凌晨，黄励的热血洒在了雨花台的土地上。这时，她只有28岁。

钱瑛出狱后，一直以黄励烈士精神来激励自己和同志们。中华人民共和国成立后，钱瑛历任中央纪委副书记、监察部部长、中央监委副书记、内务部部长等职。她的房间一直挂着黄励的遗像。黄励喜欢菊花，钱瑛每年都栽种菊花，以寄托对她的怀念与哀思。

罗登贤：东北抗日联军的先驱者

2019年8月29日，东北抗联名将冯仲云之女，中国第一批外交官冯忆罗，静静走完她88岁的人生。她的名字“忆罗”，正是为了纪念“亲爱的罗伯伯”——东北抗联创始人罗登贤。

罗登贤，1905年出生于广东省南海县一个清苦的家庭。1925年春，刚满20岁的罗登贤参加了中国共产党。省港大罢工时期，他协助苏兆征发动香港工人参加罢工。

1931年2月，罗登贤任中共中央驻满洲省委代表。同年12月，任中共满洲省委书记。他领导东北的中国共产党人，在极端艰苦条件下，组织抗日武装，战斗在抗击日本侵略者的最前线。他先后派出100多名党团员干部赴东北各地独立创建抗日游击队，相继建成吉林、辽宁、海伦、磐石、海龙、汤源等抗日游击支队，为东北抗日联军的建立奠定了基础。

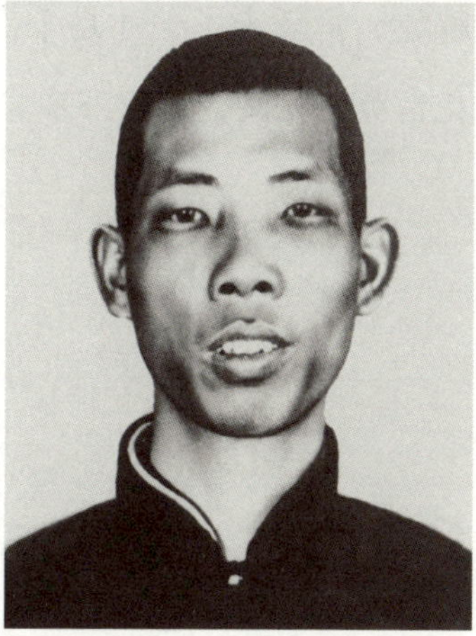
罗登贤（1905—1933）

1932年春，罗登贤和负责军委工作的赵尚志准备组织哈尔滨伪警备队兵变。为了保密，有关兵变的宣传品没有送到地下印刷所去印，而是在满洲省委秘书长冯仲云家里印。罗登贤装作哄孩子睡觉，用脚使劲地踏地板，以掩盖印刷时的响声。这年10月，他的儿子罗伟民出生了。为了不影响党的

廖承志在租界被捕
據供係先烈仲愷之子
其母何香凝電請營救
宋慶齡昨往慰問何氏

1933年3月，罗登贤在上海山西路五福弄9号出席全国海员工人会议时，不幸被捕。这是上海《申报》刊登的关于罗登贤等人被捕的消息

工作，孩子3个月大的时候就被送到在香港的姑妈家抚养，此后父子再未相见。

1932年底，罗登贤被调离东北，到上海担任中华全国总工会上海执行局党团书记。1933年3月，由于叛徒告密，罗登贤不幸被捕。4月，罗登贤被解至南京，关进了“杀人魔窟”南京宪兵司令部看守所。

在狱中，罗登贤对前来探望的同志说：“个人死不足惜，全国人民未解放，责任未了，才是千古遗憾！”1933年8月，坚贞不屈的罗登贤在雨花台英勇就义，年仅28岁。

邓中夏：参与“建党大业”

1921年7月23日，中共一大在上海召开。此时，在抵达重庆的一艘轮船上，一位浓眉大眼、文质彬彬的年轻人，正准备开始他长达两个月的夏季讲学。

这位年轻人，就是邓中夏。1920年，他在北京加入共产党早期组织。尽管没能参加党的一大，但他为会议的召开，做了很多的准备工作，并亲自向大会递交了北京党组织的报告文件。

1921年6月，在北京西城辟才胡同的一所补习学校里，中国共产党北京早期组织正在推选出席第一次全国代表大会的代表。会上首先推举了张国焘和邓中夏。然而，此时的邓中夏社会职务很多，十分忙碌，只好以“不克分身”为由辞谢。此时，他正在保定直隶高等师范学校讲学；受李大钊的委托，他正在筹备少年中国学会北京总会会议；早在年初他就答应参加7月在四川川东的重庆夏令讲学会。

邓中夏（1894—1933）

虽然不去参会，但邓中夏没有推辞身上的责任。6月18日，他和刘仁静来到北京西山碧云寺，租了一间安静的厢房住下。其后几天，他们完成了中国共产党北京早期组织递交中共一大的报告和其他相关文件，这也是对共产党北京早期组织大半年来工作

中国共产党第一次全国代表大会在上海法租界望志路106号（今兴业路76号）举行

的一次梳理总结。他们重点叙述了当时北京的社会生活状况以及党组织在工人和知识分子中开展的宣传工作。

6月28日，邓中夏南下，来到位于上海法租界白尔路的私立博文女校，这里是中共一大代表的住地，他亲自向大会递交了北京党组织的报告文件。紧接着，邓中夏赶回南京，出席少年中国学会年会。这次会议在讨论学会是否采取一种主义时，发生了激烈的争辩。邓中夏先后作了4次发言，明确表示自己赞成共产主义。

年会一结束，邓中夏又赶往上海，与已经到会的毛泽东、何叔衡、邓恩铭等代表交谈，一起讨论中共一大的筹备情况和召开方式。一大代表包惠僧后来回忆说："他（邓中夏）同每一个代表都交换过工作意见。他对于召开全国代表大会的方式方法及提案内容提了不少的意见，起了一定的作用。"

对于中共一大的召开，邓中夏高度关注。他在后来撰写的《中国职工运动简史》中评价："中国共产党成立了，中国工人阶级从此有了他们自己的政治领袖，开始引导他们走向革命斗争的大道"。

这位中国共产党创建时期的重要领导人，于1933年5月在上海被捕，9月转押至南京，后牺牲于雨花台。

徐全直："把自己的生命贡献给党"

1925年，有一位湖北妇女运动领导者在《武汉妇女》上发表文章，用铿锵有力的文字批评了当时社会上某些妇女团体以解放妇女为名，行干扰无产阶级妇女解放运动之实的行为，并指出无产阶级妇女运动应走之路，她就是女烈士徐全直。

1902年，徐全直出生于湖北沔阳。父亲是一位思想进步、意志坚定的革命党人。在父亲的言传身教下，幼年的徐全直就具有强烈的反抗精神。1918年，16岁的徐全直遭到家里逼婚，倔强的她坚决不从，只身逃到了武昌，在姐姐的帮助下，考入湖北省立女子师范学校。

这所学校是徐全直走上革命道路的起点，也是她结识人生伴侣陈潭秋之地。五四运动爆发后，陈潭秋受聘至湖北省立女子师范学校。在陈潭秋等马克思主义者的影响下，徐全直的思想发生了很大变化。她一边坚持学习，一边积极参加反帝、反封建的革命斗争活动，逐步成长为学生运动的骨干，于1922年加入中国社会主义青年团。

徐全直（1902—1934）

1923年，徐全直离开湖北省立女子师范学校，在党组织的关怀培养下，积极深入各基层发动群众，支持京汉铁路工人的罢工斗争。二七惨案后，她同陈潭秋转往安源，从

1931年徐全直（中）与战友戚全德、儿子陈鹄（右）的合影

事工运工作和青运工作。就在这一年，经过斗争考验的徐全直，加入了中国共产党。

在共同的革命斗争中，徐全直和陈潭秋建立了深厚的友谊，并于1925年结为革命伴侣。五卅运动以后，徐全直积极响应中共中央要在各地建立妇女解放协会的号召，积极筹建武汉妇女协会，并创办了《武汉妇女》旬刊。1927年大革命失败后，她随陈潭秋辗转江西、上海、东北等地从事党的地下工作，出色地完成了党组织交办的一个个工作任务。

1933年初，陈潭秋调往中央苏区工作，任福建省委书记。徐全直因身怀第三个孩子即将临产，不能同行。就在这年6月，徐全直因党的秘密联络点被破坏在上海被捕。被捕后，她始终立场坚定，坚贞不屈。她常对狱中难友说："不能做对不起党的事情，到了这里就要准备把自己的生命贡献给党。"

1934年2月，带着对丈夫的深深思念和对孩子们的浓浓牵挂，徐全直牺牲于南京雨花台，年仅32岁。

施滉：清华最有光荣的儿子

“他是清华最有光荣的儿子。他是清华最早的共产党员。他为解放事业贡献了生命，施滉的革命精神永垂不朽！”在清华大学图书馆大厅北壁上，有一块大理石纪念碑，上面镌刻了这样的铭文，还镶嵌着一位年轻人的铜像。这位戴着圆框眼镜，理着寸头，眼神睿智坚定的年轻人就是施滉。

1917年秋，施滉考入清华学校。据施滉的独生女儿施琦生回忆：“在清华期间，父亲过着清苦的生活，他在图书馆勤工俭学，利用假期当家庭教师，但微薄的收入仍不能维持正常的生活和学业，还要靠同学的物质资助。但他威信很高，当了班长。”

五四运动爆发后，施滉积极投身其中，成为清华的学生领袖之一。1920年，施滉等人成立唯真学会，施滉当选为会长。1923年春，施滉等人在唯真学会成员内组织了一个秘密社团“超桃”。该社团的宗旨是“政治救国”。

1924年，施滉赴美留学深造，先后取得了斯坦福大学东方史专业学士、硕士学位。1927年3月，施滉参加美国共产党，成为中国留美学生和旅美华侨中第一批党员之一，后当选为美国共产党中央中国局书记。

施滉（1900—1934）

1920年，施滉（前排右三）和唯真学会部分成员在清华学校的合影

1930年秋，正当国内革命斗争形势异常严峻复杂之时，施滉毅然选择回到祖国。1931年4月，中共河北省委遭到破坏，多人被捕。施滉临危受命，于同年11月担任中共河北省委代理书记兼宣传部部长。

1933年7月，施滉与其他13位同志在北平艺专开会，因叛徒出卖，被国民党军警包围，不幸被捕。后施滉被解至南京，1934年初牺牲。

历史永远铭记这位“清华最有光荣的儿子”。85年后，在清华大学2019级本科生开学典礼上，校长邱勇深情讲述了雨花英烈施滉的事迹，勉励新生“人生的意义只有在服务国家、贡献社会的奋斗中才得以彰显”。

蔡寿民：让孩子们“继承我的事业”

他从书香门第走出，是一位近代工人运动的杰出代表，也是一位白色恐怖下立场坚定的共产党员，亦是一位在亲密战友遭受残害后依然坚持革命斗争的革命者——蔡寿民。

蔡寿民，1899年出生于湖南常德。1924年加入中国共产党。1926年，蔡寿民任湖南省总工会组织部部长。其间，他还领导长沙工人开展反英斗争，成为湖南地区工人运动的重要领导者之一。随着北伐战争和革命形势的发展，湖南省的工人组织日益强大。在总工会的带领下，长沙城内时常看到一群群工人、农民押着戴高帽子的土豪劣绅游行，满街人都喊着“打倒土豪劣绅”的口号。

四一二反革命政变后，革命形势急转直下，蔡寿民工作更加忙碌，经常通宵不眠地布置工作。5月21日傍晚，蔡寿民正在家中与湖南省总工会的负责人郭亮“擦手枪”“藏文件”。蔡寿民妻子则抱着孩子出门散步，刚转过两个巷子，街上就砰砰叭叭打起来了。军警满街追人，到处喊“口令”，街上全部戒严，凡不听指挥者，立时被击毙。这便是反动军官许克祥在长沙发动的“马日事变”。

蔡寿民（1899—1934）

蔡寿民与郭亮见形势不利，正要出

1926年12月，《大公报》文章《湖南全省矿工总会成立志盛》，报道湖南全省矿工总会成立的相关信息。在此次会议上，蔡寿民当选为湖南省矿工总会执行委员

门，大门却早已被反动士兵封锁。危急之时，二人将早已准备好的一桶汽油浇在门上并点燃，乘敌人慌乱之际，双双爬上屋顶，摆脱追捕。此后一段时间里，每天都有革命者被残害的消息传出，外面也谣传着蔡寿民牺牲的消息。

1928年初，蔡寿民的亲密战友郭亮在长沙被敌人杀害，敌人残忍地将郭亮烈士的头颅挂起来示众。尽管郭亮的牺牲使蔡寿民异常悲痛，但并未使他胆怯退缩。不久，蔡寿民到上海找到党组织，重新踏上充满荆棘的革命征途。

1933年8月，蔡寿民因叛徒出卖，在南京被捕。这时，他最小的儿子才出生13天。蔡寿民被捕后，数月间音信全无。直到1934年3月，妻子才收到了他在狱中写下的纸条，大意为：革命胜利我是看不到了，我没有做完应做的工作，你好好把孩子带大，让他们继承我的事业。请不要挂念我……同年5月，蔡寿民病逝于狱中，年仅35岁。

汪裕先："走进革命的圈子"

"我起初也想埋身在世俗的生活中，使得家里人勿至于担惊受怕。可是这一个办法的实行，仅使我感到了梦想的空虚，要实现却是万不可能的。因此，我终于走进革命的圈子，因此，我终于跑进了牢狱的大门。"1932年，已在狱中度过两年时光的汪裕先，在给姐姐的信中这样写道。

汪裕先出生于上海南汇县的一个贫困家庭，7岁时父亲病故，靠母亲做针线活维持生计。小学毕业后，13岁的汪裕先到上海一家钱庄做学徒，后经其表舅父介绍到上海华商电气公司工作。

这一时期，国家积贫积弱，人民苦难深重，刺痛着汪裕先的心，他时刻不忘寻找改变中国命运的出路。正在此时，受到同宿舍的中共党员的启蒙，汪裕先接受了马列主义真理，阶级觉悟迅速提高。1926年初，汪裕先加入了中国共产党，逐步成长为华电工人运动的一名骨干。

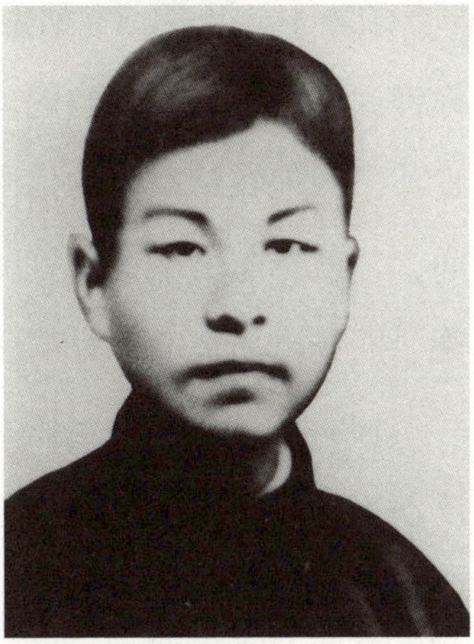

汪裕先（1908—1934）

1927年四一二反革命政变后，白色恐怖笼罩着整个上海，党的活动完全转入地下。在腥风血雨之中，汪裕先的革命信念反而更加坚定。他在法租界租了一间亭子间，一面深入各工厂向工人群众揭露反动当局的罪

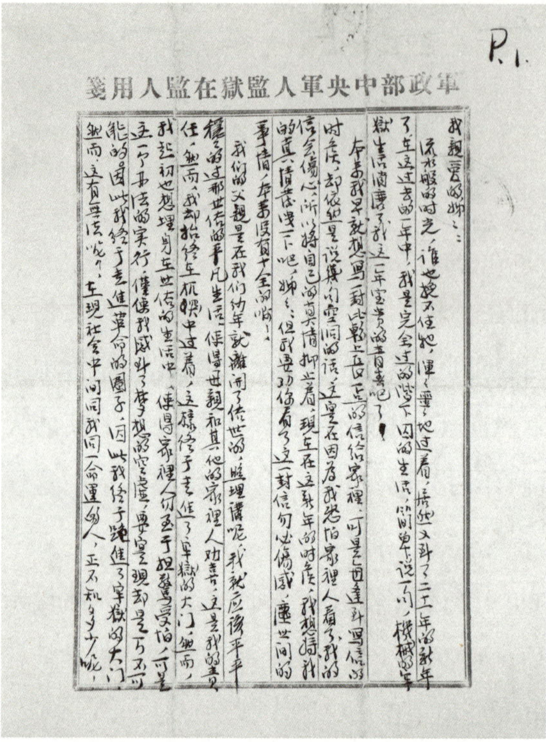
P.1
軍政部中央軍人監獄在監人用箋

1932年，汪裕先在狱中写给姐姐的信

行，一面组织部分共产党员和工会骨干撤退转移。

不久，按照党的指示，汪裕先回到家乡周浦镇，组建中共南汇县周浦区委，任区委书记和南汇县委书记。1928年下半年，在党组织的安排下，汪裕先先后到太仓、川沙工作。

1930年4月，汪裕先根据党的指示，赴太湖组织农民武装，由于叛徒告密，在回苏州的途中被捕，解至南京，被关押在国民党中央军人监狱。

在长达4年多的牢狱生活中，汪裕先坚守心中的革命理想，始终铁骨铮铮，坚贞不屈。他与同志们组成秘密党支部，领导和组织难友们开展绝食斗争。他在给家人的信中总是列出一些书名，让妻子寄给他。只要有时间，他就捧起书本，认真阅读和学习。狱中的苦难生活并没有让他消极悲观，而是更加坚定了对革命必将胜利的信心。

1934年，汪裕先因托人秘密带信与上海地下党组织联系一事暴露，被反动当局改判死刑。同年5月，汪裕先在雨花台英勇就义。

洪灵菲：“到革命的战线上去”

1926年6月，《国立广东大学潮州学生会年刊》刊载了《到革命的战线上去》一文，作者面对“落日苍凉、万里欲尽”的国土山河，大声疾呼广大青年“携着手同到革命的战线上去”。这位激情洋溢的呐喊者，即是洪灵菲。

1902年，洪灵菲出生于广东潮安的一户耕读之家。洪灵菲自幼勤奋用功，给乡人留下了“屋顶上的读书郎”这一美誉。1918年，洪灵菲入读潮州金山中学，逐渐展露出不凡的文学天赋与热情。此间，他发表了《潮州风俗和舆论的弱点》一文，字里行间，鲜活涌动着对封建陋俗的批判和对个性解放的主张。

1922年，洪灵菲考入国立广东高等师范学校英语部，成为深受任教老师郁达夫喜爱的学生。他大量研读西方文学英文原著，是拜伦、雪莱、裴多菲等浪漫主义诗人的忠实拥簇者。正当其沉浸于文学象牙塔之时，家人却强制要求他与一位素昧平生的家乡女子成婚。

洪灵菲（1902—1934）

尽管洪灵菲奋力抗争，但最后仍以妥协告终，这让他挫败感丛生。曾经诵读的自由与爱情的高亢赞歌，骤然成为遥不可及的一枕黄粱。他以笔抒发胸臆，撰写了《孤光》

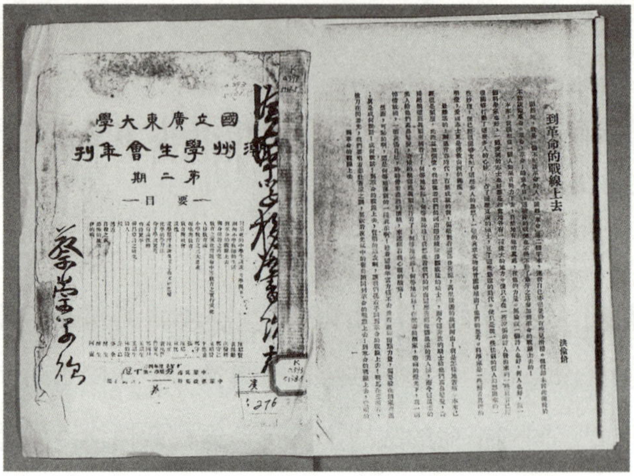

1926年6月，洪灵菲在国立广东大学潮州学生会年刊发表的文章《到革命的战线上去》

《夜黑》《素影》等一大批旧体诗和《别后》《爱的迷途》两篇带有浓厚自传体性质的小说，展现出悲愤幽怨和爱憎分明的情感基调，这也为其日后革命文学创作奠定了深厚基础。

洪灵菲就读大学期间，正值轰轰烈烈的大革命蓬勃高涨，共产党员许苏魂成为他的革命引路人。结合对马克思主义的理论研究，在革命实践的洗礼中，洪灵菲加入中国共产党，成为革命阵营中的一名坚定战士。此刻，他已将信仰二字深深根植于灵魂深处，并在日后的人生历程里始终坚守，不忘初心。

1927年4月，广东的国民党右派公开叛变革命，大肆搜捕共产党人和进步学生。洪灵菲被迫离开广州，迭经香港、新加坡、暹罗（今曼谷）等地的流离之路，于年底回到上海，在白色恐怖中毅然继续投身国内的革命浪潮。“去为着人类寻求着永远的光明”，这是洪灵菲立下的誓言，也是他毕生的追求。

1933年，洪灵菲在北平被捕，后解至南京，1934年牺牲。

何宝珍：女党员之杰出者

“英勇坚决，为女党员之杰出者。”刘少奇提到的这位“女党员之杰出者”，就是自己的革命伴侣何宝珍。

1918年，何宝珍考入湖南衡阳的省立第三女子师范学校。1922年，何宝珍因为组织学生参加反帝反封建示威游行，被校方开除学籍。经中共地下党员张秋人介绍，何宝珍以亲友名义住进长沙清水塘毛泽东、杨开慧家。

在这里，何宝珍初识了刘少奇。随后，毛泽东安排何宝珍随刘少奇到安源工作。1923年4月，刘少奇和何宝珍结为革命伴侣，婚后生育了3个子女。刘少奇曾两次被捕，何宝珍一边配合党组织投入营救工作，一边到处奔走，利用一切可以动用的关系和办法，两次营救刘少奇出狱。

据刘少奇和何宝珍长女刘爱琴回忆：“哥哥不到一岁就被送回老家。母亲被捕前，又匆忙把弟弟交到邻居大嫂手上。我在襁褓中就离开了父母，被寄养在工友家里。”

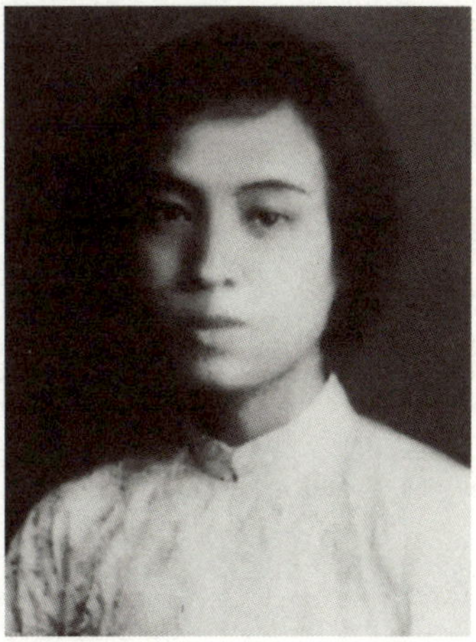

何宝珍（1902—1934）

1933年，何宝珍被捕入狱。敌人得知她是刘少奇的夫人时，如获至宝，严刑拷打，逼她供出上海地下党的情况。何宝珍只有一句话：“要口供，没有。要命，有一条。请

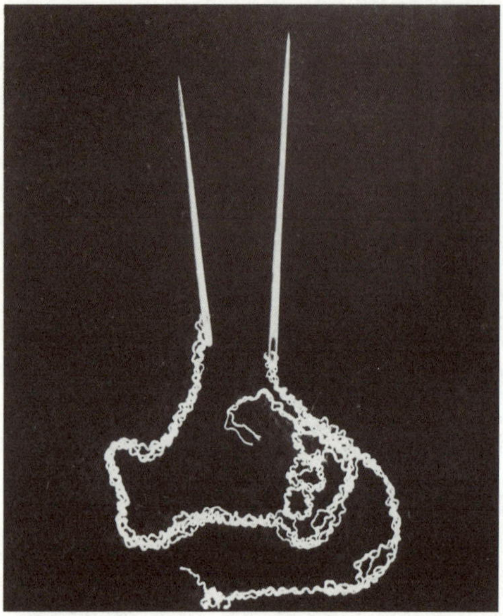

何宝珍在狱中用竹筷磨制的缝衣针，用来替难友缝补受刑后破烂的衣服

吧！革命者是杀不尽的！”

面对敌人和死亡，何宝珍没有丝毫畏惧。但想起丈夫，还有3个没有爹娘在身边照看的子女，每每让何宝珍牵肠挂肚，泪湿衣襟。1934年深秋的一个早晨，何宝珍带着对儿女的无尽牵挂和对革命坚定的理想，在雨花台英勇就义。那年，她才32岁。

1938年5月31日，《新华日报》上刊登了刘少奇的一则寻女启事。组织经过多方寻找，终于找到了刘爱琴。“从父亲口中，我知道了母亲叫何宝珍，也第一次看到了她的照片，留着齐耳的短发，很清秀，目光很坚定。”刘爱琴说，“在父亲的心中，母亲是一位伟大的女性。他回忆母亲的事迹时，称赞她‘英勇坚决，为女党员之杰出者。’”

顾衡：世间血性真男子

“世间血性真男子，壮志成城百不回。俯仰只求无愧怍，冰霜风雪任残摧。”这是顾衡牺牲后，他的父亲、无锡著名教育家顾倬写下的100首《哭衡儿诗》中的一首。

1934年6月，因叛徒出卖，中共南京市委遭受第八次重大破坏，时任市委负责人的顾衡安排同志们转移，自己留下来坚持斗争。他认为，越是在白色恐怖最集中的地方、在组织遭破坏最严重的时候，越是要让大家知道中共南京党组织还在继续战斗。8月7日，顾衡在中央大学附近一间小屋内秘密印刷党的文件时，不幸被捕。

消息传来，他的父亲顾倬忧心如焚。顾衡是他最心爱的孩子，十分聪明，数学尤具天赋，中学开始就研究数论。原本顾倬对儿子的期望是，长大后让他去法国留学，成为著名数学家。然而，1929年底，顾衡毅然放弃在中央大学的学业，赴北京参加革命工作。1930年，顾衡在清华大学加入共产党。此后数年，他全身心地投入到党的工作中。家人再次得到消息时，已是顾衡因“反动领袖”的罪名被捕入狱。

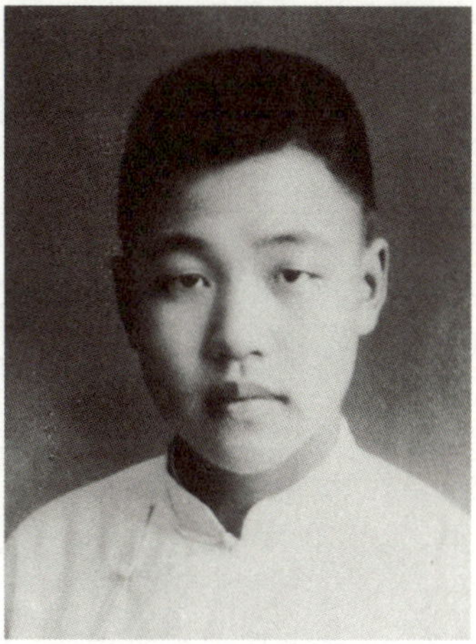

顾衡（1909—1934）

顾倬急忙从无锡来到南京开展营救。身为江苏省教育界的前辈、无锡省立第三师范

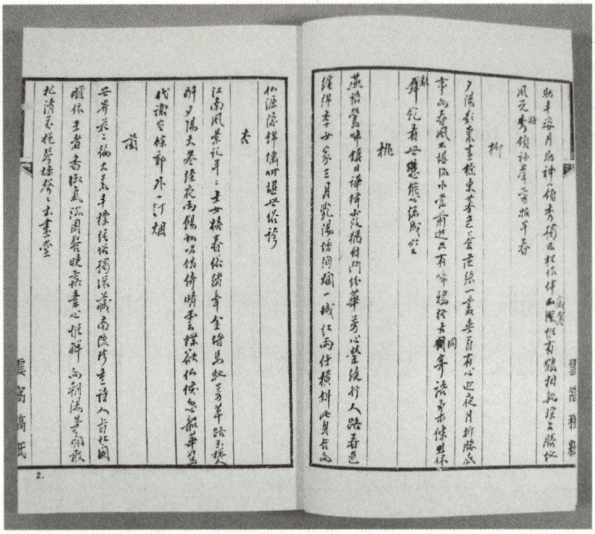

顾衡的父亲顾倬得知儿子牺牲后，悲痛欲绝，写下100首《哭衡儿诗》

学校的创立者，顾倬平日备受尊敬，此时却不得已奔走权门疏通关系，可谓“此生傲骨销磨尽，为汝低头权要门”。在他的奔走营救下，法官终于答应不判死刑。顾倬又再三叮嘱儿子，让他庭审时“态度好些”，不要法官说一条马上反诘一条，保全性命才能“留得青山在”。

被捕后的顾衡，坚称自己叫翟大来，这是他被捕时那个小屋租住者的名字。他不肯累及任何同志，揽下一切“罪责”，又始终不肯改变政治态度，把审判法庭变成了批判国民党反动、宣传共产主义的讲堂。当军法官判决为无期徒刑的案卷送到宪兵司令谷正伦手上时，谷正伦看了庭审记录，大吃一惊，批下“秉性顽强，怙恶不悛，改处死刑”。

1934年12月4日凌晨，年仅25岁的顾衡在雨花台英勇就义。悲痛欲绝的顾倬写下100首《哭衡儿诗》，又在顾衡殉难一周年之日写下《祭衡儿文》，深情纪念爱儿。

许包野：海归博士献身革命

在广东汕头冠山村，有一处古旧的民居。屋内的老式梳妆台上，放着一本残破的旧版新华字典。旁边还有一封泛黄的信，上面用歪歪扭扭的字迹写道，“请政府为民妇再调查许鸿藻，他是留学生，很早就参加革命工作了……”

这是许包野（原名许鸿藻）的故居。写信人则是他的妻子叶雁苹。在这间旧居里，叶雁苹用了足足半个世纪，写了无数封信，等候丈夫归来。

1917年，17岁的许包野和同村姑娘叶巧珍结婚。婚后许包野为妻子改名为“雁苹”，并鼓励她读书写字。

1920年，许包野辞别妻儿，赴法国勤工俭学，先后在法国、德国和奥地利攻读哲学，获得哲学博士学位。他通晓俄、英、法、德等国语言，是雨花英烈中学历最高的一位。1923年，许包野经朱德介绍加入中国共产党。

许包野（1900—1935）

尽管学历差异巨大，但许包野和妻子感情甚笃。在欧洲留学时，他给妻子写信：“我请尔以后每月给我通一次信，无论有话也好，无话也好，有话便长，无话便短，我也很愿意抹出功夫和尔赠答。”

九一八事变后，许包野受共产国际派遣，秘密回国。他仅仅停留10天便离家前往

1923年10月，许包野（后排右二）与朱德（前排右三）等人在德国哥廷根的合影

厦门，投身革命。此后，许包野先后担任中共厦门中心市委书记、江苏省委书记、河南省委书记。

1935年2月由于叛徒出卖，许包野在河南开封被捕，随即被押解到南京。敌人对他用了重刑，妄图撬出党的秘密，但均告失败。这年5月，因伤势过重，许包野惨死狱中，时年35岁。

许包野牺牲后，亲友一直没有得到音讯。许包野和叶雁苹婚后在一起的日子不足一年，但她一生都未改嫁，始终相信丈夫是坚定的革命者。50年来，她一直在寻找丈夫的下落，直到生命最后一刻。

1985年初春，弥留之际的叶雁苹，捐出了丈夫当年从苏联带回来的物品和资料，不久溘然长逝。1987年，广东省人民政府追认许包野为革命烈士，叶雁苹一生的夙愿得以完成。

胡廷俊："死亡是'大休息'"

在雨花台，长眠着一位勇敢坚强的陕北汉子。他在战场上失去了右腿，却依然拖着假肢四处为革命奔波，甚至将情报藏于假肢中，机智地躲过敌人的搜查。他，就是陕北游击队的战士——胡廷俊。

胡廷俊，陕西绥德人，1927年加入中国共产主义青年团，次年转为中共党员。1932年2月，中国工农红军陕甘游击队正式成立，胡廷俊任直属警卫队政治委员。不久，国民党军派出军队千余人"围剿"陕甘游击队。2月中旬的一天，游击队在阳坡头有备而战。胡廷俊在硝烟弥漫的战场上冲锋陷阵，战友一个个倒在脚下。当战斗正酣时，胡廷俊的右腿不幸被流弹击中，鲜血顿时染红了裤腿。他强忍着剧痛坚持着，直到战斗结束才被抬下战场。

胡廷俊（1911—1935）

当时游击队里缺医少药，战士们迅速护送胡廷俊前往西安广仁医院。这期间的长途跋涉，使得胡廷俊的腿伤迅速恶化。到达西安时，他的腿部已经化脓感染，医生为了保全他的性命，不得不为他做了截肢手术。

在战斗中失去了一条腿，没有让胡廷俊有过多的沮丧和伤感。他依然满怀豪情壮志，伤好之后，主动找到组织，希

胡廷俊坐像

望继续从事革命工作。党组织考虑到他的身体尚未恢复，为他安排了去上海的行程。在上海的医院里，胡廷俊安装了假肢。

此后，胡廷俊被安排到上海中共中央军委工作，经常往来于上海、江苏、江西、福建等地搜集情报。假肢给他的行动带来诸多不便，但也成了一些重要情报的绝佳“藏身之处”。他常常乔装成书店老板，戴着礼帽穿着长袍，拖着假肢，为送出一份密电，往往要走几十公里的路。凭着自己的机智和勇敢，胡廷俊传递出了一份又一份军事情报。

1935年春，胡廷俊在皖南工作时，因叛徒出卖不幸被捕。敌人用尽酷刑，仍一无所获。当得知自己将被行刑时，胡廷俊对难友说：“死有什么怕的？只求换得光明！睡觉是‘小休息’，死亡是‘大休息’。”

这年8月，年仅24岁的胡廷俊被残忍地杀害在雨花台。历史永远铭记这位在战斗中英勇冲锋、在疾患中不折不屈、在牢狱中坚守信仰的陕北战士。

李得钊：“粉身碎骨向光明”

“灯蛾扑火似无成，是是非非评不清。我说灯蛾死可贵，粉身碎骨向光明”。这首白话诗的作者李得钊，用直白坚毅的字句，抒发了追求真理和光明的炽热情怀。

1905年，李得钊出生于浙江省永嘉县岩头乡李宅村的一个贫苦家庭。他的父亲是一位鞋匠，母亲在他6岁时便因病去世。李得钊在父亲和叔父的抚养下长大，自小成熟懂事，获得了私塾先生免费授教的机会。

当时，李得钊家中一贫如洗，连一张书桌都没有。家人只得找到一块祖传的肉砧板，擦洗干净，钉上四根木棍支撑起来，拼凑成课桌的模样。同窗的富豪子弟讥笑他，李得钊并未因此自卑，他机智地应对道：“我是去读书的，不是去同他们比桌子的。”在奋发昂扬的求知欲和进取心驱动下，李得钊学习不辍，成绩名列前茅。

李得钊（1905—1936）

1917年，李得钊考入永嘉县立岩头高等小学学习。他与好友共享桌椅、被褥、油灯，省俭开支，艰难地继续着求学之路。毕业后，在一名牧师推荐下，李得钊得以减免学费进入温州瓯海艺文中学读书。这是一所教会学校，李得钊充分利用学校的外语师资进行会话交流，打下了较好的英文基础。

此时，新文化运动浪潮席卷全国，李得

1920年，李得钊（左二）在温州瓯海艺文中学读书时与老师、同学的合影

钊所在的永嘉也出现了一批传播新思想的进步青年，谢文锦就是其中一位，他成为李得钊的革命引路人。在谢文锦的影响下，李得钊接触到《新青年》等进步书刊，令他如沐甘霖，心中坚定了救国救民的价值取向。

1924年12月，经过审慎考察，谢文锦推荐李得钊等八人加入社会主义青年团，并在向团中央的报告中称其“人极诚恳可靠”。1925年李得钊加入中国共产党，成为浙南最早的党组织中共温州独立支部的主要成员。五卅惨案发生后，他积极参与组织游行示威等一系列活动。

同年7月，在谢文锦的资助下，李得钊离开温州，进入上海大学社会学系学习，年底又被派赴莫斯科东方大学学习。

1927年2月回国后，李得钊先后在团中央和中共中央工作，1934年在上海被捕，1936年牺牲于南京。

周执中：“为救国而死，是死得光明”

在内江市东兴区永福镇梯子岩村，静静地矗立着一座有着200年历史的老宅院，院里长满了青苔。一个世纪以前，从这里走出了一位带领当地农民闹革命的青年领袖——周执中。

周执中，1902年出生在四川内江一个贫苦农民家庭。1920年，周执中以优异的成绩考入内江县立中学。1924年到杨家乡小学任教，后担任校长，他为人正直，教学严格认真，对贫苦学生更是十分爱护。

1926年，周执中加入中国共产党。从此，他以教书作掩护，积极从事党领导下的县、乡农协会的活动。1929年，中共内江县委在东乡开展农民运动，周执中此时任杨家乡支部书记，他团结带领当地农民开展秋收抗捐斗争。经过不懈努力，斗争取得了胜利，农民得以免缴五亩以下地亩捐。这场斗争狠狠地打击了地主阶级嚣张气焰，激发了广大农民的革命斗志。

周执中（1902—1936）

1930年下半年，中共内江县委遭到破坏，多位领导同志被捕，周执中也受到通缉。为了保存革命力量，周执中离开内江辗转来到上海。1931年日本帝国主义发动九一八事变，东北沦陷，周执中和弟弟参加了东北抗日义勇军的活动。为了保证义勇军的补给，当时成立了辽吉黑民众后援会，周

1933年春，周执中（左一）与抗日战友在北平的合影

执中担任后援会驻开鲁前方办事处参谋处秘书。

1933年2月，日本侵略军进犯热河，周执中及其弟弟所在部队奋起抗击，弟弟在战斗中不幸牺牲。周执中后来在给外甥的信中说：“这回你二舅舅在打日本鬼子的最前线死去，他为救国而死，是死得光明的。”

后来，周执中因所在部队在开鲁前线作战中被打散，他辗转回到上海继续从事抗日救亡宣传活动。1934年8月，因叛徒出卖，周执中被国民党反动派逮捕，国民党当局以危害民国罪将周执中判刑，关押于国民党中央军人监狱。

在狱中，周执中惨遭严刑拷打，但他坚贞不屈。即便身体遭受严重摧残，周执中仍以坚强的毅力坚持学习，盼望出狱后为党继续工作。1936年，长期遭受酷刑折磨的周执中牺牲在狱中。

郭纲琳："永是勇士"

在雨花台烈士纪念馆，陈列着一块刻有"永是勇士"字样的铜鸡心。它是郭纲琳在狱中用铜元磨制而成，表达了她坚贞不屈的革命信仰以及要永当无产阶级革命勇士的决心。

郭纲琳1910年出生于江苏句容的一个大户人家，中学时期就带领女学生剪辫子，走向街头游行，具有强烈的反抗精神。

1931年，震惊中外的九一八事变发生。当时正在上海中国公学大学部学习的郭纲琳迅速投入到抗日救亡运动中，连续三次参加上海学生赴南京请愿示威的活动，要求国民政府出兵抗日。抗日救亡运动的洗礼，让郭纲琳日渐成熟。就在这一年，她正式成为一名共产党员，从此全身心投入革命事业。

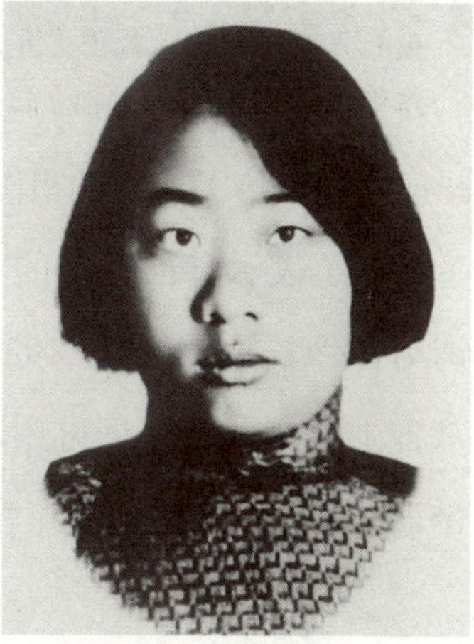

郭纲琳（1910—1937）

1932年淞沪抗战爆发后，郭纲琳根据党组织安排，化名刘英，开始从事工人运动和妇女工作，号召女工为争取自由解放而斗争。1933年春，郭纲琳调任共青团江苏省委内部交通，在险恶的斗争环境中，她机智果敢，不畏艰险，出色地完成了一个又一个任务。

1934年1月，郭纲琳因叛徒出卖被捕入狱。随后她被押解至国民党宪兵司令部看守

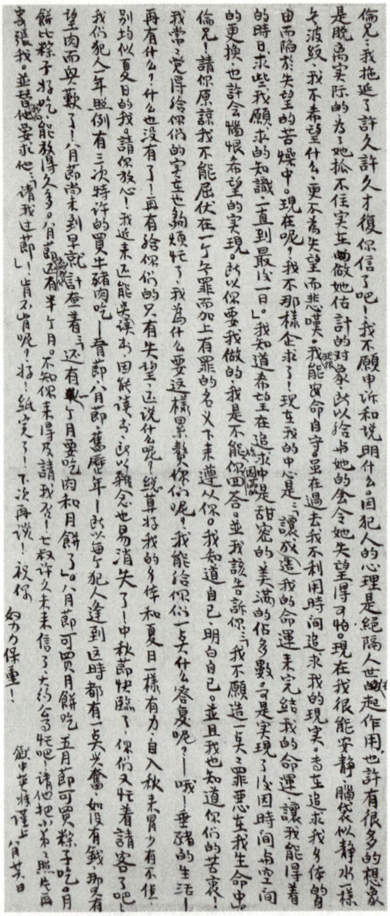
倫兄：我拖延了許久許久才復你信了吧！我不願申訴和說明什么。因犯人的心理是絕隔人世的，起作用，也許有很多的想象是脫离实际的，为了她捻不住实在而做她估計的对象，所以给与她的会令她失望得可怕。現在我很能安靜，腦袋似靜水一樣不波紋，我不希望什么，更不為失望而悲嘆。我能安命自守，虽在過去我不利用時间追求我的現实，尚在追求我多体會由而陷於失望的苦燥中。現在呢？我不那樣企求了！現在我的中心是：「讓我造我的命運，來完結我的命運，讓我能得着的時日，求些我願求的知識，一直到最後一日。」我知道希望在追求中是甜蜜的，美滿的，但多數只是实現了後因時间与空间的更換，也許会憎恨希望的实現。所以你要我做的，我是不能依你回答。並我該告訴你：「我不願造一点点罪惡在我生命中」倫兄！請你原諒我不能屈伏在一个个罪而加上有罪的名义下来遵从你。我知道自己，明白自己。並且我也知道你們的苦衷！我常常覺得给你们的实在也夠煩忙了，我為什么要这樣累贅你们呢？我能给你们一点什么答复呢？——哦！垂豬的生活——再有什么？什么也沒有了！再有给你们的只有失望，还说什么呢？總算好，我的身体和夏日一樣有力，自入秋來胃口有不佳，别均似夏日的我，請你放心！我近來还能安讀书，因能讀书，所以雜念也易消失了！中秋節快臨了，你们又忙着請客了吧！我们犯人一年照例有三次特许的買牛豬肉吃——端節，八月節，舊歷年——所以每个犯人逢到这時都有一点兴奮，如没有錢，那只有望肉而興歎了！八月節尚未到，早就計劃着：还有几个月要吃肉和月餅了。八月節可買月餅吃，五月節可買粽子吃。月餅比粽子好吃，能放得久些。八月節还有半个月，不知你來得及請我否！七叔许久未來信了，大约公事忙吧！请他把小弟弟照片两寄張我。並替他要求他：「请我过節」！肯不肯呢？好！紙完了！下次再說！祝你努力保重！

獄中弟綵謹上 八月廿日

郭纲琳在狱中给哥哥的回信

所，以犯有“危害民国紧急治罪法”所列之罪名义被判刑8年，后被关押至江苏第一监狱。关押期间，郭纲琳领导和组织了三次狱中绝食斗争，其中规模最大的一次绝食坚持了7天，敌人被迫做出让步。

郭纲琳被捕后，家里曾花重金聘请律师为她辩护，结果因她拒绝在悔过书上签字作罢。之后，郭纲琳的大哥又请国民党中央委员保释，当局表示，只要郭纲琳放弃政治主张，就可出狱。郭纲琳在给哥哥的回信中，写下了坚决捍卫初心的话语，她说：“我不愿造一点点罪恶在我生命中。”国民党中央党部的代表找她谈话，规劝她不要将青春消磨在监狱中，郭纲琳给了对方掷地有声的回答：“革命者的青春才是美好的，我早已将她献给了伟大的祖国。”

为了表示自己坚定的立场，郭纲琳在狱中把铜元磨成铜鸡心，上面镌刻着“永是勇士”。1937年7月，已经被关押了3年多的郭纲琳，被敌人杀害于雨花台。郭纲琳用27岁的青春和热血，践行了她“永是勇士”的誓言。

陈处泰：为革命而生，为革命而死

陈处泰是江苏宝应人。1928年考入安徽大学，在校期间就开始探索革命真理，参加马克思主义研究会。后来，他因参与学生请愿被国民党当局通缉，辗转各地后前往上海，在上海法政学院读书，积极参加反蒋抗日斗争，他参加了共产党领导的左翼社会科学家联盟（简称“社联”），与同仁举办读书会、组织工人夜校，在青年和工人中传播革命思想。

在友人资助下，陈处泰在法租界开办过印刷厂和书店，印刷和出版一些进步刊物，后来都遭到当局查封。1933年春，由于叛徒告密，陈处泰被捕，因敌人未查出他的真实身份，不久后获释。1934年，陈处泰加入中国共产党。此后，陈处泰成为“社联”的联络员，经常出席该组织的党团会议，在革命斗争中日益显现其卓越才能。

1935年2月，陈处泰出任上海“社联”中共党团书记；6月，任中国左翼文化总同盟（简称“文总”）书记。当时白色恐怖相当严重，“社联”“文总”虽然与党失去了联系，但在他的领导下仍能积极开展革命工作。

陈处泰（1910—1937）

陈处泰爱憎分明，他多次对妻子讲，对帝国主义和反动派要斗争到底，绝不妥协。他给两个孩子分别取名“不柔”“不让”，

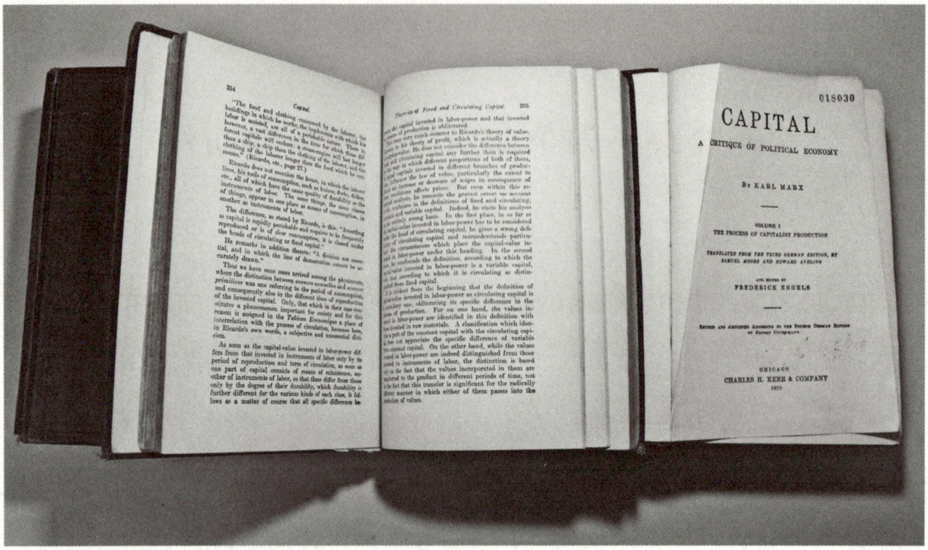

陈处泰读过的英文版《资本论》

其宁折不弯的铮铮气节，可见一斑。

1935年11月，陈处泰不幸被捕。在狱中，敌人得知他的身份后，对他严刑拷打，他被打断双腿，但始终坚贞不屈。

1937年抗战全面爆发后，国民党决意撤离南京。在此前夕，敌人在雨花台秘密处决了一批爱国人士和政治犯，其中就包括27岁的陈处泰。

20世纪80年代初，中共中央政治局委员、书记处书记胡乔木为陈处泰题词：“为革命而生，英名永在；为革命而死，浩气长存！”

孙晓梅：“国不保，家何能存？”

“国不保，家何能存？在此民族生死关头，望母亲能以国家为主，民族至上，莫以区区儿女情，而埋没子孙的前途。”这是1941年5月孙晓梅参加新四军后，写给母亲的信，表明其坚强的革命意志和对外来侵略者抗战到底的决心。

抗战全面爆发后，在中华民族面临生死存亡的危急关头，众多进步青年挺身而出。1938年10月，24岁的孙晓梅收到在新四军工作的堂弟的来信，要她动员家乡青年参军。孙晓梅带上受她影响较深的几个青年，扮作难民，从老家浙江富阳，步行数百公里，风餐露宿，到皖南泾县参加新四军。

孙晓梅是出身书香门第的闺秀，母亲对她参加革命工作不理解，于是她写下这封信，“梅等不敏，然不愿做时代之落伍人，虽无能，亦必勉力追随历史之轮，如今天生活虽云清苦，愿自勉，决不做民族罪人”。

孙晓梅（1914—1943）

孙晓梅抵达后，被编入新四军教导总队第八队学习。当时条件十分艰苦，学员们只能借用祠堂上课，借用民房住宿，点豆油灯，睡觉时卸下门板铺上稻草就是床铺。艰苦的环境丝毫没有减弱孙晓梅对知识的渴

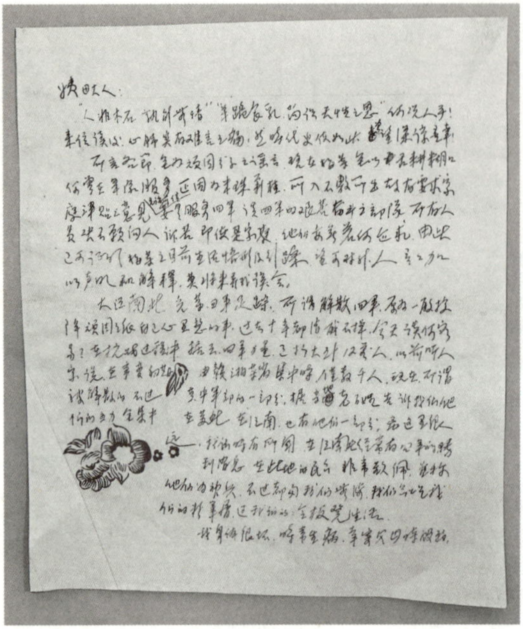
姨母大人：

1941年5月，孙晓梅写给姨母并转母亲的信

求，她认真学习，把每月仅有的一元五角津贴都省下来买笔记本。

部队规定，晚饭后要去驻地附近村庄做群众工作。一天晚上，孙晓梅与战友朱微明出发去村里，她们到一户人家后，男主人还在田里耕种，女主人在家淘米准备做晚饭。孩子没人管，在床上一直哭。

据朱微明回忆，“晓梅听到哭声，抢步进门，一下把孩子抱在怀里，掏出手绢为孩子揩眼泪擦鼻涕，随手拿起竹筷子敲敲打打哄着孩子，真像要魔术似的，孩子安静了，她就把孩子交到我手上，转身便坐到灶膛前去烧火了。”看到这幅情景，农村大嫂十分感动，一个劲称赞晓梅，“孙同志，你真好，你懂得穷人的苦，新四军都是好人啊！”。

孙晓梅这些举动拉近了新四军与当地群众的距离。1940年9月，她光荣地加入中国共产党。

1943年4月，孙晓梅在护送一批党的干部渡江北上后，返回根据地途中，不幸被日本宪兵队逮捕，不久，被敌人残忍地杀害于南京龙潭老虎山坳，时年29岁。

邓振询：生为大众，死为大众

“秦淮河水急又深，面上无桥不留情。三十八年如一日，波涛翻滚永奔腾。秦淮河畔景色新，桥面通车喜人心。冬去春暖明灯亮，四化建设日月兴。”这是中共历史上早期任命的一位女县委书记李坚真为怀念丈夫邓振询作的一首山歌。

邓振询，1904年出生于江西省兴国县一个贫苦农家。早在1926年北伐军进驻江西后，邓振询就积极投身当地农民运动。1928年春，白色恐怖日趋严重之时，邓振询加入中国共产主义青年团。第二年，他又加入了中国共产党。此后，一直从事江西的工人运动。

邓振询全程参与了艰苦卓绝的两万五千里长征，在长征途中担任红五军团政治部地方工作部部长，承担行军打仗时军团的地方工作事务，保证全军团的粮食供给。

邓振询（1904—1943）

在患难与共中，一些男女同志之间也播下了爱情的种子。邓振询与李坚真在长征途中从事民运工作时相识，两人共同发动民众、筹集钱粮，为红军扩充兵力。1935年底，他们在瓦窑堡结婚。这对新婚夫妇住在旧窑洞里，晚上盖的是长征途中别人送给李坚真的一床毛毯，这也是小家庭的唯一家当。

邓振询（右二）李坚真（右一）与战友的合影

1943年3月，苏南行政公署成立，邓振询任副主任。当年8月3日，邓振询随新四军第16旅46团经过禄口附近的秦淮河边高桥时，正遇上前来“清乡”的日伪军。邓振询立即组织队伍撤退至河对岸。

在只有一条小船的情况下，邓振询不顾个人安危，让同志们先渡河。等到大部队安全转移后，自己才和最后几名同志一起乘船。即将到达对岸时，船舱进水，他不幸落水牺牲。

同志们痛心不已，他们在挽联上写下：“昔奔革命，今奔革命，中国共产党，功绩伟大；生为大众，死为大众，苏南邓主任，精神不死”的句子，沉痛悼念他们的“邓主任”。

此后，李坚真一直没有再婚，在继续革命的同时，还照顾邓振询唯一的骨肉邓东林。1981年，在邓振询牺牲38周年之际，李坚真写下山歌一首，深情怀念自己的革命伴侣和知心爱人。1992年3月，李坚真与世长辞。

吕惠生：建“惠生堤”防洪抗战

在安徽无为东乡沿江，有一条长堤，名叫“惠生堤”，自1944年建成以来，一直是沿江一带百姓防洪的屏障。主持建造这条“惠生堤”的便是吕惠生。

吕惠生，1903年出生，安徽无为人。1942年加入中国共产党。他廉洁奉公、勤政爱民，造福一方百姓，为当代公职人员树立了榜样。

1935年，无为县政府决定在县城东门外一块公地上建造一座仓库。但是这块土地长期被豪绅宋、杨两家非法霸占，两家为了继续占有该块公地，向时任县政府建设科科长的吕惠生送去了200块银圆。吕惠生义正词严地说：“贪污是丧心病狂的人所干，我虽是寒士，绝不愿不顾公家利益，得你们的黑礼。”他拒收贿款，将其公之于众，用这笔钱在县城绣溪公园观震潮堤岸盖了一座凉亭，并亲笔书写“洗心亭”三字悬于其上，以表明心志、警醒他人。

吕惠生（1903—1945）

1943年11月至1944年5月，吕惠生担任皖中行政公署主任期间，领导完成了皖江抗日根据地最大的水利工程——无为长江大堤黄丝滩江堤的建设。大堤是在极其险恶的环境中建成的，从工程破土动工到竣工，吕惠生与几十万民工同吃同住，一起挖土、挑担、

吕惠生始建的洗心亭

打夯，呕心沥血，风餐露宿，还要躲避日军飞机的轰炸和抵御国民党顽固派的骚扰，其艰难程度超乎想象。这条凝结着吕惠生智慧和心血的江堤，被命名为“惠生堤”。

吕惠生在大堤修建过程中，对每一项开支和举措都进行详尽规划和记载，他时刻以“廉”要求自己和部下，要剔除中饱、涓滴归公。1945年9月，吕惠生随新四军第七师北撤时在芜湖被捕。同年11月在南京英勇就义。

至今，作为无为大堤的一部分，“惠生堤”至今仍是当地防洪的一道重要屏障。无为大堤是巢湖流域的防洪屏障，保护着沿江数百万亩农田和几百万人口。尽管不时受强降雨和长江水情影响，但“惠生堤”依旧为当地构筑了坚实的防洪屏障，堤外江水滚滚，堤内百姓无忧。

朱克靖："壮士非无泪，不为断头流"

"此身早许国，被卖作楚囚。壮士非无泪，不为断头流。"这是1947年，朱克靖在狱中写下的一首表明心志的诗。随后他以绝食作为最后的抗争，慷慨赴死。

朱克靖，湖南醴陵人，1895年出生于一个农民家庭，是家中最小的儿子。朱克靖自幼天资聪颖，进入私塾不到一年时间，已经能够熟背《百家姓》《三字经》《幼学琼林》等传统书籍。

1922年，朱克靖加入中国共产党，次年被派往莫斯科，进入东方劳动者共产主义大学就读。朱克靖系统学习了东方大学规定的各门课程，还潜心研究了马克思、恩格斯和列宁的一些文章，重点关注国内革命形势。

1925年，国内革命形势迅猛发展，中共中央决定从旅欧支部和东方大学抽调一批干部回国。同年6月，朱克靖、李富春、聂荣臻等十余人从莫斯科东方大学启程回国，并于7月初到达上海，向中共中央报到。朱克靖被中央分配到广东区委，投入到轰轰烈烈的北伐战争中去。

朱克靖（1895—1947）

1945年12月，朱克靖任新四军兼山东军区秘书长、联络部部长，策动国民党淮海绥靖公署长官郝鹏举率部起义。郝鹏举部被改编为华中民主联军后，朱克靖被任命为该部

朱克靖被捕后的照片

政治委员，领导对这支部队的改编和民主改造。

全面内战爆发后，郝鹏举于1947年1月率部叛变革命，朱克靖被叛军逮捕。叛变发生前，他就有所觉察，设法把很多同志转移了，自己坚持到最后一分钟。

在狱中，敌人软硬兼施，百般恐吓，企图劝降，并3次大摆宴席，请朱克靖吃饭，许以高官厚禄。朱克靖不为所动，写诗明志，决定用生命捍卫自己的信仰。当时家人不知道他的情况，还盼着他有朝一日能够出狱，并寄去衣物用品。朱克靖抚摸着寄来的衣物，肝肠寸断，写下“风雨打牢墙，南冠客思长。寄衣人不见，日日依囚窗。”一诗，寄托对亲人的思念。

1947年秋，敌人听闻朱克靖已经在狱中绝食抗争后，遂将他秘密杀害。

杨斌：抱着至死不变的决心

“我们全抱着至死不变始终如一的决心，个人生死在所不辞。”这是杨斌在生命的最后时刻对狱友说的话。牺牲前，他委托狱友转达了他被捕后的境况，并提醒党内同志要对叛变投敌者出卖同志情况提高警觉，体现了一名共产党员坚定的革命立场和舍生取义的大无畏精神。

1911年，杨斌出生于安徽长江边上一个贫苦的船民家庭。在南京读中学期间，杨斌怀着满腔热血参与了当时的反日爱国学生运动。进入北平大学学习后，他继续学习革命理论，积蓄进步力量。1935年12月，杨斌在北平参加了中国共产党领导的一二九运动，不久后加入了中华民族解放先锋队。1936年，经过革命斗争的考验，杨斌加入中国共产党。全国抗战开始后，杨斌受党组织派遣，从延安赴皖南新四军军部，任中共中央东南分局青年工作委员会委员、民先队负责人。

杨斌（1911—1948）

1941年1月发生了震惊中外的皖南事变，新四军军部危急，有大批干部陆续突围到上海等待护送转移。新四军驻上海办事处是抗战时期新四军在沦陷区设立的地下办事处，工作环境十分凶险。杨斌因具有丰富的地下工作经验，被任命为办事处主任，担负起从上海转移人员并护送到各地的工作重任。

杨斌深知责任重大，亲自制定秘密工作

1941年，杨斌（右）与陈丕显在上海的合影

纪律并带头严格执行，他审慎选择护送路线，严格挑选安排交通员并不断更新替换。在工作中，杨斌严肃认真，胆大心细。在杨斌的带领下，新四军驻上海办事处的同志们圆满地完成了组织上交办的任务。

1947年5月，由于叛徒出卖，时任华中分局土地委副书记兼城工部部长的杨斌被捕，被解往南京的国民党首都卫戍司令部看守所关押。不久后，杨斌被转解到南京宁海路看守所，这里的条件十分恶劣，一天两顿吃的是杂有鼠屎、砂粒的霉米饭，刑讯拷打更是家常便饭。面对敌人的折磨，杨斌毫不动摇，始终坚持狱中斗争。1948年4月，杨斌的病情不断恶化，连续几天不能进食饮水，奄奄一息。有一天，几个特务以送杨斌“到医院看病”为名，把他抬出牢房残害致死。

徐楚光：龙潭虎穴二十载

1927年4月，以蒋介石为首的国民党新右派发动四一二反革命政变，大肆屠杀共产党人和革命志士。在革命形势急转直下的关头，在白色恐怖弥漫开来的时刻，一名18岁的黄埔军校学员毅然加入了中国共产党，并在此后的20年间，数次打入敌营，在龙潭虎穴中从事地下革命活动，立下奇功殊勋。他的名字叫徐楚光。

徐楚光，1909年出生，湖北浠水人，毕业于黄埔军校武汉分校。1927年4月加入中国共产党。1929年，时任鄂豫皖边区直属团连长的徐楚光，受中共鄂豫皖边区特委派遣，打入国民党军队开展策反工作，由此开启了潜伏生涯。

1938年春，党组织派徐楚光打入国民党军队孙殿英部，历任教导大队中校教育长、新五军后方司令部作战参谋长兼官佐子弟学校校长。在此期间，他建立中共地下支部，团结进步青年，秘密发展党员，壮大革命力量。

徐楚光（1909—1948）

1942年3月，有着丰富敌区工作经验的徐楚光，受命前往南方沦陷区专门从事情报、策反工作，并以黄埔学生的身份，结识了不少汪伪军官，后直接打入汪伪内部任军委会政治部情报局上校秘书等职。在此期间，

1941年，徐楚光在扬州医院治伤时在瘦西湖的留影

他结识了苏北绥靖公署驻京办事处主任洪侠，争取洪侠加入了抗日阵营，并安排政治交通员打入办事处，掌握了大量敌方情报。1945年春，汪伪军界高层密谋对中共领导的抗日根据地进行“清剿”。徐楚光通过时任浙江省驻京办事处主任的洪侠，成功获取了电报密码本和江浙日伪军“清剿”行动计划，并派人及时报告了党组织。5月，敌人按计划出动“清剿”，结果一无所获。

1946年，解放战争爆发。时任中共中央华中分局第三工作委员会主任的徐楚光，负责南京、上海、杭州一带的情报、策反工作。他主动联系同乡兼校友——时任国民党军统局南京站站长的周镐，成功将周镐发展为中共特别党员。凭借周镐在国民党情报系统中的特殊重要地位，徐楚光为我党我军提供了大量极具价值的情报信息。

1947年9月，在国统区开展军运工作的徐楚光，行经武汉时，由于叛徒告密而被捕。1948年10月被国民党保密局杀害，时年39岁。

丁行：敌营里的战斗

“孩子保育问题，需特为注意，务宜从小养成其独立奋斗之精神……”1948年8月22日，丁行在狱中给妻子写信，嘱咐她照顾好未满一岁的儿子。这位打入敌人心脏的潜伏英雄，在身份暴露前夕，积极帮同志转移，自己却不幸被捕牺牲。

1927年，教师出身的丁行加入中国共产党。后来，丁行潜入西北军池峰城部从事党的地下活动。抗战胜利后，丁行任国民党保定绥靖公署军法处副处长，兼任河北省政府机要秘书。

1946年，全面内战爆发后，丁行在一片白色恐怖中冷静、沉着地搜集各种情报，并上报给党组织。他还利用自己的特殊身份，每遇着同志被捕，必设法营救，保全了许多革命者的生命。

1947年9月，中共设在北平的地下情报组织被敌人破坏，导致西安情报系统负责人王石坚被捕。王石坚很快叛变，供出了手中掌握的地下工作人员名单，其中就有丁行。

丁行（1908—1948）

“其实父亲完全可以免于这场劫难。”丁行烈士之女丁奂吾说，“事情发生前局势已经紧张起来，出城门都要看通行路条。而父亲所在的军法处，就掌管着开路条的职能。我父亲帮一些同志开了路条，让他们顺

丁行在狱中磨制的笔架

利转移到了河北解放区。当时他完全可以和同志们一起走，但他为了获取更多情报，还是坚持留了下来。”

名单泄露后，特务很快找上门来。“那天正好是中秋节，父亲安慰母亲，说‘去去就回’。哪知道，一去就是永别。”丁奂吾说，“父亲被捕后10天，弟弟呱呱坠地。”

两个月后，丁行和其余被捕的同志们一起，被当作“要犯”，从北平押解到南京。在狱中，丁行受到严刑拷打，以及寒冷、饥饿的折磨。即便如此，丁行依然充满了革命乐观主义精神。他在狱中坚持学习英语，还对难友说：“革命胜利了，就是死了也高兴。”

1948年10月，丁行和谢士炎、赵良璋、朱建国、孔繁蕤5人被枪杀于国民党中央军人监狱，被称为“北平五烈士”。

赵良璋："为真理而牺牲"

"假如我为真理而牺牲，我燃烧不灭的心，会不朽地欢欣……"这首《假如我为真理而牺牲》，充满了视死如归的豪情。这是赵良璋所创作的歌曲，他用年仅27岁的生命，践行了"为真理而牺牲"的信仰。

赵良璋出生于南京六合一个贫民家庭。据赵良璋外甥女徐彩平回忆："表舅很有音乐才华，在南京五中读书时，就是一名校园歌手。"赵良璋以"野雪"为笔名创作的《假如我为真理而牺牲》《囚徒之歌》《我们越亲近了春天》等抗日歌曲，在我国西南一带流传很广。

1939年，赵良璋投笔从戎，报考了国民党空军军士学校，毕业后被分配到国民党空军第11大队任飞行员。抗战胜利前夕，赵良璋毅然决定离开国民党空军，北上延安参加革命。党组织告诉他，如果留在国民党空军从事地下工作，能发挥更大作用。

赵良璋（1921—1948）

虽然潜伏工作十分危险，但赵良璋还是欣然接受了组织安排。1946年，他调往北平，被任命为国民党空军第二军区司令部总务科参谋。1946年冬天，赵良璋加入了中国共产党。

此后，赵良璋便决心身处虎穴，为党尽忠，他搜集了国民党空军部队的重要信息，写了一份长达2万字的《国民党空军概况》，

赵良璋在国名党空军部队的留影

交给了党组织。1947年9月18日晚，国民党保密局查出并逮捕了大批地下情报人员，其中就有赵良璋。在狱中，敌人对赵良璋采取了“车轮战术”，连续审讯三天三夜不让他睡觉，但仍一无所获。在狱中，为了掩护其他战友，赵良璋将所有事情都揽在自己身上，还教狱友唱《囚徒之歌》：“火山终有熄灭日，黎明前的黑暗、黑暗、黑暗，囚徒要解放。时候一到起来反抗，打破了牢笼奔他方。”

1948年10月，赵良璋知道自己时日无多。临刑前，他来到朱铁华等3位难友的囚室，托他们捎信给妻子，让她改嫁。并留下遗书，写道，“我是带着勇敢与信心就义的，我虽倒了，但顽强的性格仍使我精神永不灭亡。”10月19日清晨，赵良璋英勇就义。

高波："当歌汉苏武"

“本为民除害，哪怕狼与狗。身既陷囹圄，当歌汉苏武。”这首表现了共产党人铮铮气节的诗，是高波在狱中所作，抒发了自己效仿苏武持节不屈的精神和对革命至死不渝的信念。

高波原名高如化，是陕西米脂人，自小家境穷苦。他在上中学时，就和许多进步学生一起张贴传单，开展反对土豪劣绅的斗争。1937年，高波奔赴革命圣地延安，进入中国人民抗日军事政治大学学习。不久，他加入中国共产党，并为自己改名高波，寓意要像滚滚波涛一样，永远融入革命洪流中。

抗大毕业后，多才多艺的高波，被分配到八路军留守兵团政治部烽火剧团工作。不久，便升任烽火剧团团长。从1938年至1942年，高波率剧团30多人，翻山越岭，几乎跑遍了陕甘宁边区，为部队和群众创作演出了京剧《平型关大战》、歌舞《小放牛》等许多表现八路军和抗日军民英勇斗争的戏曲和节目，被广为传唱。

高波（1913—1948）

1947年4月，时任陕甘宁晋绥联防军新编第11旅第1团政治委员的高波因被叛军出卖在陕西被捕，先后被关押于兰州、镇江、南京等地。在镇江国民党国防部训导所里，

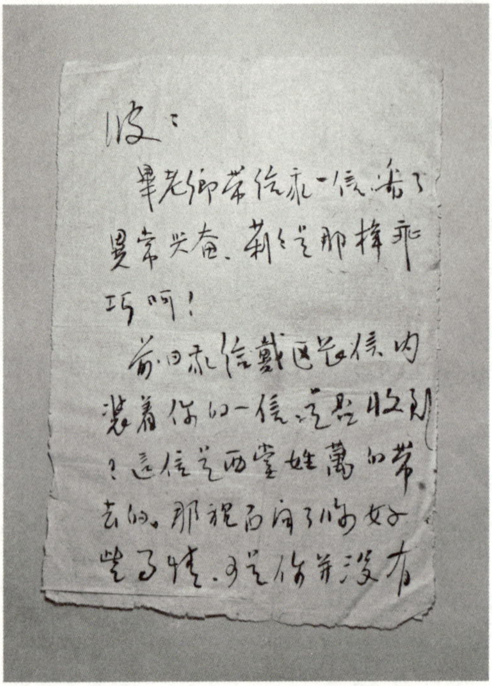

波：
毕先卿带信来一信，看了是常兴奋、莉莉那样乖巧呵！
前日来信载区长信内装着你的一信，这是收到？这信是西堂姓万的带去的。那说而用了俩好些了情。可是你并没有

1946年7月，高波写给妻子成波的信

高波坚持穿着已经破烂的解放军军服，拒不穿狱方发的国民党士兵军服，拒不按狱方的要求写自传，拒不阅读狱方强迫他读的反动书籍，拒不听课接受“训导”。敌方最终认为高波“长期感化无效”，将他移送南京国民党国防部保密局看守所。

高波知道自己的时间不多了，他从破棉衣里撕出棉花，用手一点点地搓成线，给远方的妻子成波织了一件线衣，连同别人送他的一双袜子，一起托人带出去，并给妻子写下遗书：“我和你及安莉女儿永诀了。我的死是为着人类的解放事业，是光荣的。我死后还有成千上万的同志。我们的革命事业必胜……我的身体被国民党反动派毁去了，但我的灵魂永远不会被毁伤。要把女儿带大，接班完成我未完成的事业……”

1948年10月一个漆黑的夜晚，高波带着对妻女的无限眷恋，壮烈牺牲于雨花台，时年35岁。

秦明："死活都不去计较他"

"至于我自己的一切，都不由我来决定，我也采取听其自然的态度，死活都不去计较他，只有等着和平的明天。"这是秦明在狱中预感时日无多，写给岳母信中的话语。这看似平淡的话语，却表明了秦明对革命充满必胜信念的决心。

1938年，刚入党不久的秦明受党组织派遣，回到家乡甘肃靖远。他以小学教员的身份为掩护，从事党的地下工作。他在靖远县城各学校的教职工及学生中积极传播进步思想，宣传抗日救国。秦明的教诲，点燃了同学们心中的革命火种。积极进取的他也深深地打动了一个姑娘，就是正在学校读书的19岁女学生党瑶池，共同的革命理想促使这两个进步青年走到了一起。

秦明（1916—1948）

1946年，秦明任中共环县县委统战部部长。1947年3月，国民党军队大举进攻陕甘宁边区，与此同时，也侵入了陇东地区。为了保存实力，县委决定各级党政机关暂时分散转移，秦明任游击队政委，带领环城区游击队在县南一带进行游击战争。不久之后，游击队驻地被国民党军队包围，秦明带领少数同志阻击敌人，为掩护其他同志转移争取了宝贵的时间。他却在战斗中腿部摔伤，不幸

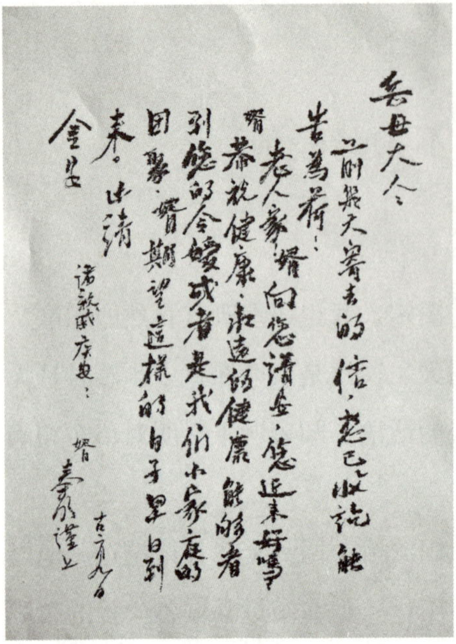

秦明在狱中写给岳母的信

被捕。

秦明被捕以后，敌人不断对他施加酷刑逼他就范，但他始终坚贞不屈。敌人毫无办法，便欺骗他说：“你妻子和孩子也抓来了，如能办个手续，马上可以回家。”秦明识破了敌人的诡计，毫不犹豫地说道：“我相信你们抓不到，就是抓到了，我也不见。”

1948年5月，恼羞成怒的敌人便以“无法改造，搞反动宣传，应严加处置”为由，将秦明等“要犯”专程用飞机押送到镇江国民党国防部训导所。在这所监狱里，秦明组织同志们在训导所内的墙头、门板上书写革命标语，张贴传单，宣传共产党的主张，欢呼解放军的胜利，极大地鼓舞了狱中同志们的斗志。他还组织狱友，利用敌人对难友李魁子看管不严的机会，帮助他越狱去找部队。李魁子逃出去后，敌人慌忙追捕，秦明乘机帮助其他难友越狱。

秦明凭着对党、对革命的忠诚，打碎了敌人企图迫使他投降的妄想。1948年10月，他被秘密杀害于雨花台，时年32岁。

晋夫：俯首甘为孺子牛

“横眉冷对千夫指，俯首甘为孺子牛。”鲁迅的这句诗文，是晋夫的座右铭，被他写在日记本的封面上来勉励自己。他用生命践行了自己甘愿为“孺子牛”，鞠躬尽瘁，死而后已的高贵品质和革命情怀。

晋夫是河南洛阳人，由于家境贫寒，他14岁时才进入县立一小读书，后来以优异的成绩考入洛阳第八中学，1937年进入开封高中。七七事变后，在国家、民族存亡的紧要关头，他毅然决然离开学校，弃笔从戎，加入抗日游击队，投身抗日救亡运动的洪流之中。

1938年5月，晋夫加入中国共产党。后来，他受党组织派遣去延安，进入抗日军政大学学习。延安整风期间，为了随时记录自己的学习和思想情况，他利用空隙时间坚持写日记。

晋夫（1917—1948）

在日记中，晋夫对自己的思想进行了深入剖析和反省。他时刻以一个共产党员的标准严格要求自己，并以此来检查对照自己的言行。通过不断反思与学习，晋夫成了一名意志坚定的共产主义战士。

1948年太原战役时，国民党军第三十军军长黄樵松准备战场起义，请我方派出代表商谈和组织具体起义事宜。华北野战军第一兵团政治部主任胡耀邦原拟亲自前往，后经

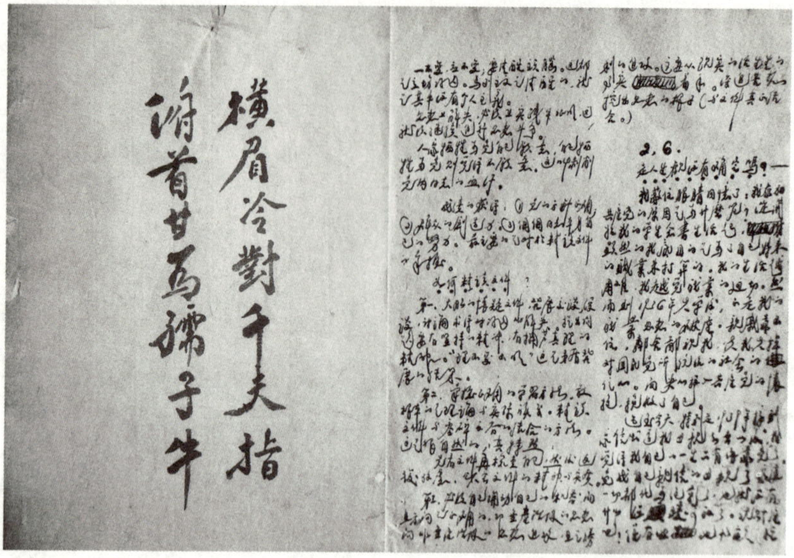

晋夫在延安整风期间的日记本封面和内页

徐向前决定：派第八纵队参谋处长晋夫以兵团政治部宣传部部长的名义到三十军商谈。由于黄樵松部下告密，晋夫等人一到商谈地点就被逮捕，后被押往南京。

被捕后，晋夫受尽酷刑。敌人把他吊起来拷打，一条胳膊都折断了，浑身是血。在押解途中，他坐在囚车上，从车窗里探出头，向沿路乡亲们大声疾呼，宣传革命救国的真理。在敌人的法庭上，他毫无惧色，拒绝在所谓的“判决书”上签字。

1948年11月27日，晋夫被敌人残忍杀害，年仅31岁。

刘亚生：三五九旅的楷模

“在三五九旅所有的大学生里，没有哪个更比他受尊敬的了。”这是开国中将郭鹏所写的一篇纪念文章中的句子。他提到的这个“受人尊敬”的人，就是和战士们打成一片的北大才子刘亚生。

刘亚生出身普通农户家庭，家境贫寒，但他好学上进，才华出众。1932年，他报考北京大学和清华大学，均被录取。在北京大学历史系读书期间，他一边学习，一边积极参加学生运动。1936年，刘亚生加入了中国共产党。

七七事变后，刘亚生离开北大，奔赴抗日前线太原参加八路军。1938年，刘亚生报名加入三五九旅，在旅部做秘书工作，协助王震旅长起草和管理文件，兼做文化教员和理论教员。1939年，刘亚生被提拔为三五九旅政治部宣传科的科长。1945年，刘亚生任三五九旅政治部副主任。

刘亚生（1910—1948）

作为名牌大学的高才生，在贫苦农家子弟居多的三五九旅，刘亚生是难得的“宝贝”。但他丝毫没有知识分子的架子，在军旅生活中，完全和战友们打成一片。他一有空就帮助勤务员、警卫员、炊事员收拾房子、扫地、打水、做饭。他还经常到连队去，和战士们交心、谈心。行军路上，他还

1944年，刘亚生随三五九旅南下抗日，前排左一为刘亚生

帮着炊事员扛炊具。

在部队做教员期间，刘亚生从最简单的字词、成语教起，还穿插讲军事历史知识。为了让战友们能结合实际领会毛主席的军事思想，他还邀请王震旅长来讲一些实际的军事战例。当时从部队首长到基层官兵，都认为他是工农化了的高级知识分子。1946年8月，刘亚生在中原突围后转战陕南的途中被捕，关押于西安集中营，后解至南京，1948年底牺牲。在他牺牲35周年时，王震亲笔题词："德才兼备、英勇牺牲的楷模刘亚生烈士永垂不朽"。

开国中将郭鹏在一篇纪念刘亚生的文章里写道："……他（刘亚生）教的并不只是我一个，当时司令部的人，不管是参谋、文书，也不管是警卫员、司务长，几乎没有哪个没有当过他的学生，不是跟他学文化，就是跟他学政治。因此，我们对他由远而近，由生疏而亲热，最后，竟上下一致地对他产生了一种尊敬的心情。"

任天石：弃医从戎赴国难

“病情不重休惦念，心静自然少忧烦。家中有人勤照看，草药一剂保平安。”这是京剧《沙家浜》中中共常熟县委书记程谦明的一段唱词。剧中他假扮郎中在敌人眼皮底下与阿庆嫂接头，面授机宜，布置新四军伤病员安全转移。“程书记”的原型，就是抗日战争时期在苏南从事革命活动的常熟人民抗日自卫队大队长的任天石。

1913年，任天石出生在常熟一个中医世家。他目睹底层百姓贫病交迫的悲惨景象，激发了行医拯救苍生的志向。1932年8月，任天石考入上海中国医学院。任天石毕业后，回到家乡挂牌行医。每当遇到家境贫寒的病人，即使不收诊金也要诊治。

1936年，面对国难当头、外侮日甚的时局，任天石痛切地感受到，仅仅做个好医生远不能拯救苍生。他对弟弟说，“若要救民，必先救国。”1937年3月，他参加了常熟人民抗日救国自卫会，宣传抗日救亡。

任天石（1913—1948）

任春嘉回忆道：“1937年11月，常熟沦陷，父亲带着全家老小逃难到南京。心中受到了强烈的震撼，从此弃医从戎，矢志抗日。”任天石在家乡一带发动群众，组织了江南人民抗日自卫队。任天石把所有家产

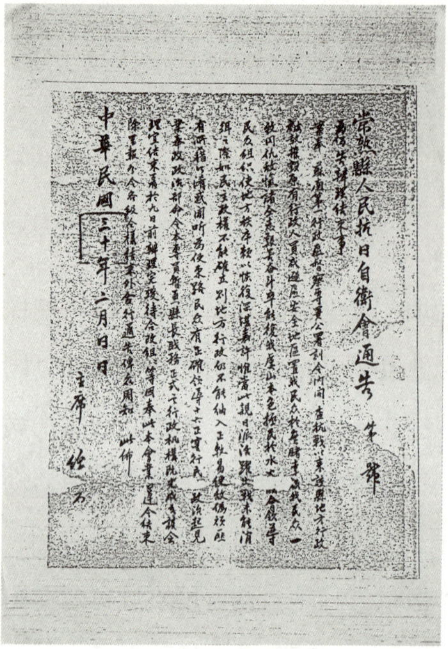
常熟縣人民抗日自衛會通告
中華民國三十年二月日
主席

1941年2月，由任天石签署的常熟县人民抗日自卫会布告

毫无保留地捐了出去，充当经费。他还曾对家人说：“国不存，家何在？”

1938年8月，由中共常熟县委直接领导的抗日武装——常熟人民抗日自卫队成立，任天石先后担任副大队长、大队长。1947年1月，时任中共华中十地委社会部部长的任天石秘密进入上海，负责苏南国统区的统战工作。就在这一年的农历正月初九，由于叛徒告密，任天石在上海被捕。面对敌人的威逼利诱，任天石不为所动。他在狱中赋文明志：“直到牢房变废墟。”1948年底，任天石被秘密杀害于南京，时年35岁。

苏南人民永远怀念着他。直到今天，任天石领导人民抗日的生动故事，还在民间久久流传。以任天石为原型之一的京剧《沙家浜》，至今仍在传唱。

卢志英：为“天下孩子都能过上好日子”

在雨花台烈士纪念馆里，珍藏着一本回忆录——《和爸爸一起坐牢的日子》。作者名叫卢大容。别人的童年是欢声笑语，卢大容的童年却是陪爸爸奔波革命，甚至一起坐牢。他的爸爸，就是烈士卢志英。

卢志英，山东昌邑人，1925年加入中国共产党，是我党隐蔽战线上的重要成员。他和妻子有过三个孩子，一个孩子在妻子被捕时失散，另一个孩子仅3个月大就随父母一同长征，遭敌人追赶啼哭不已，卢志英为了部队的安全，忍痛将孩子挂在另外一个方向的枣树上，自此骨肉分离。

1947年，卢志英在上海被捕入狱，妻子和唯一留在身边的幼子卢大容一起被关押。狱中，敌人软硬兼施，许他高官厚禄，诱他交出党员名单，遭到他严词拒绝；又对他动用“老虎凳”、灌辣椒水等酷刑，导致卢志英腿骨折断，数次昏死过去，即便如此他也决不屈服。

卢志英（1905—1948）

狡猾的敌人企图用骨肉亲情动摇他的革命意志。他当即识破，嘱咐妻子：“敌人企图用夫妻、父子之情软化我们。但他们不懂，人类还有一种更崇高的感情，那就是共产主义理想，为了这个理想，虽粉身碎骨，也义无反顾。”

在恶劣艰苦的牢狱环境中，卢志英一边

1945年，卢志英与妻子张育民、儿子卢大容的合影

与反动派做斗争，一边每天教儿子卢大容英文、算术，检查他的功课。卢大容记得父亲语重心长地对他说："将来的世界是孩子们的，不学好本领可不行啊！只有学好本领，才能为人民做更多的事。"

1948年底，卢志英被敌人残忍地杀害于雨花台。出狱后的卢大容牢记父亲的嘱托刻苦学习，新中国成立后留学苏联，后成为核材料专家，为中国第一颗原子弹的研制成功做出了贡献。

"我们是革命者。革命者的理想就是让天下孩子都能过上好日子。我们希望革命成功那天，过上好日子的孩子中间能有我们的孩子。要是他们不在了，我们也不要太难过，因为更多像他们一样的孩子，毕竟快活了，幸福了。"这是卢志英生前在狱中对妻子说的一席话。相信他如果泉下有知能见到今日祖国大地的美好，定深感欣慰。

骆何民：生死追随党

他一生中曾数次被捕，多次与党组织失去联系。他有着高度的革命乐观主义精神，把牢房当作“学堂”，每天读书看报，学习英语、日语，丝毫不沮丧和懈怠。他就是生死追随党的骆何民烈士。

骆何民是文化战线上的革命斗士，1930年加入中国共产党，曾长期从事宣传工作，先后在长沙《国民日报》、衡阳《开明日报》任编辑等职。

在十余年的革命生涯中，骆何民先后多次被捕。其妻费枚华曾告诉女儿：“你爸爸每次坐牢出来，总好像刚从学校回来似的，情绪饱满，才思敏捷，毫不消沉。”骆何民将每次坐牢的经历都当作是一次学习休整，他把亲友带去的书报作为学习材料，并很快学会了英语、日语等多种语言。

1947年，上海《文萃》周刊主编黎澍被国民党当局通缉。在白色恐怖笼罩下，骆何民为纾解困局，主动创办起印刷厂，坚持出版《文萃》。7月，第十期《文萃》丛刊尚未发出去，即被国民党特务查缴。为保护战友，骆何民安排《文萃》主编陈子涛住在自己家中。同月下旬，二人因《文萃》案在骆宅被捕。1948年，骆何民被转押至国民党宪兵司令部看守所。

骆何民（1913—1948）

骆何民被押解到南京前，把亲友送的

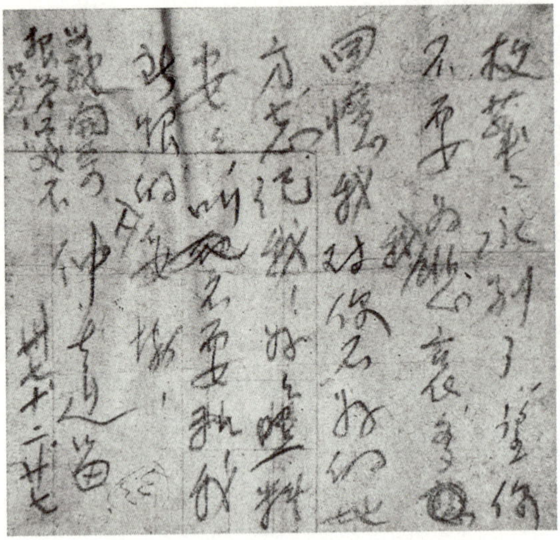

骆何民临刑前写给妻子的遗书

鱼肝油、药品分给难友们。其中有两瓶鱼肝油辗转送到妻子费枚华的手中，她见此情形震惊不已，深知骆何民在被转押前已做好牺牲的准备。

骆何民是名老共产党员，但因为数次被捕，多次与组织失去联系。直至其最后一次被捕前，骆何民仍未恢复党员身份。就义前夕，骆何民托人带出信件，请求党组织考察其历史，考虑其党籍。

1948年12月底，骆何民突然被下镣铐。他预感到特务要下毒手，便写下一份遗书，托同狱难友转交给妻子。遗书中写道：“枚华：永别了。望你不要为我悲哀，多回忆我对你不好的地方，忘记我！好好照料安安，叫她不要和我所恨的人妥协！”寥寥几十字，承载着这位革命者视死如归的斗争意志。

1949年7月1日，中共上海市委组织部作出《关于追认骆何民同志党籍问题的决定》，恢复了骆何民的党籍，表彰他为革命奋斗的一生。

陈子涛：以笔为枪呼唤光明

“亲爱的读者们，这本小册子是我们用血的代价换来的，希望你保藏它，并把它传遍开去，让每个人都知道：几千年的压迫快要被消除了，一百年来志士仁人奋斗以求的新中国就要诞生了！大家快行动起来，迎接这个新的伟大事变。”这是1947年最后一期《文萃》丛刊前言的一段话。这段话的作者，正是当时《文萃》丛刊的主编陈子涛。

1945年，抗战结束后，《文萃》周刊在沪宁杭地区悄然出现。周刊主要揭露国民党发动内战的阴谋，并很快在国统区的民主人士、进步青年中流行。国民党一名高官曾说：“一期《文萃》杂志的威力，胜过解放军的一师人马。”

1947年，国共和谈完全破裂。《文萃》周刊被勒令停刊，转入地下。杂志主编黎澍被迫前往香港。在这关键时刻，身在上海的陈子涛毅然接任了《文萃》杂志的主编工作。

陈子涛（1920—1948）

面对《文萃》发行的特殊环境，陈子涛改变了刊物的发行方式，将杂志由原来的16开本改成了32开本的小册子，每期换一个名字，发行时间由原来的周刊改为不定期丛刊秘密发行，巧妙地躲避了国民党特务的追查，得以顺利发行，成为中国共产党在国统区内的一个重要思想堡垒。有读者评价："它叫人在黑夜里看见曙光，在苦难中获取希望，在惊涛骇浪中坚定信心。它告诉人真理不灭，它给人以勇气，使你能够在遍地枪刺中迈步前进！"

陈子涛在文萃社工作时用过的皮包，这也是他在《文萃》周刊被查封后的移动编辑部

作为《文萃》的主编，陈子涛承担着刊物的约稿、编辑、校对等众多工作。为了避免特务发现，他没有固定的工作场所，常常挟着老旧公文包，出没于上海的街头巷尾，辗转于朋友的住所之间。后来，党组织考虑到他的安全，特意拨了一笔钱款，让他去租赁一处公寓，以便隐蔽。陈子涛却把钱作为稿费付给了杂志的作者，自己依旧无钱租房。

1947年7月23日，陈子涛在上海被捕入狱。1948年12月27日夜，陈子涛牺牲在南京雨花台。他以笔为枪，在黑夜中呼唤光明，自己却倒在了黎明前的黑暗中。

成贻宾："要随时牺牲自己，为了大众"

在雨花台烈士纪念馆的展陈中，有一封特殊的信件。作者在信中说，他觉得有"自我革命"的必要，于是拟定"新生十大信条"。他指出，一个"新的生命"不但要有"新的人生观"，更要有"丰富的学识"；不但要有"果敢的毅力"，更需要"高尚的品格"；不但要"爱父母、爱师长"，更要"爱国家、爱民族"；为了大众，要"随时牺牲自己"。这是成贻宾写给未婚妻彭毓芬的"新生十大信条"。

成贻宾与彭毓芬相识于家乡江苏宝应氾水镇。1947年，成贻宾同时被清华大学、英士大学和中央大学录取，因家道中落，缺少去北京的路费，他选择就近入读中央大学工学院电机系。随后，他把未婚妻彭毓芬也带到了南京，鼓励她学习幼教，将来为祖国的幼儿教育事业做贡献。

在中央大学读书期间，成贻宾一边刻苦读书，一边探索人生的道路。他在《生之原理读书报告》中写道："人生的理想何在？人生的理想即在为社会服务。"成贻宾将人生理想的坐标融入社会发展的大势之中，他刻苦钻研工程技术，悉心搜集资料，探索研究长江三峡水利电力资源的开发课题，希望能发展中国的电力工业，设立普遍的发电厂和电力网。

成贻宾（1927—1949）

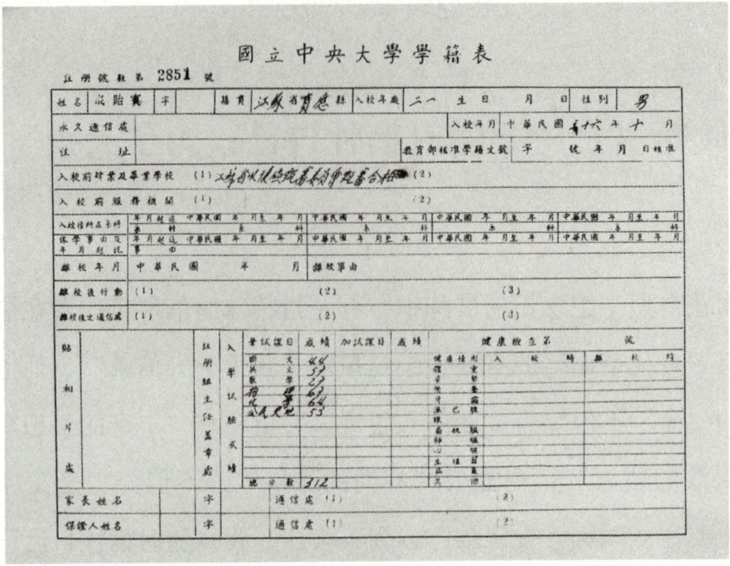

國立中央大學學籍表

註册號數第 2851 號

姓名	成貽賓	字		籍貫	江蘇省寶應縣	入校年歲	二一	生日	月 日	性別	男
永久通信處						入校年月	中華民國三十六年十月				
住址						教育部核准學籍文號	字 號 年 月 日核准				

成贻宾在国立中央大学就读时的学籍表

成贻宾不是“两耳不闻窗外事，一心只读圣贤书”的书呆子。他十分关心国家的前途，在刻苦读书之余，积极参加由中共地下党员、新青社员组织的革命活动。1949年4月1日，为揭穿国民党当局“假和平，真备战”的阴谋，南京10多所大专院校约6000人出发请愿游行，争取真和平，反对假和平。在中央大学的游行队伍中，成贻宾领头高呼口号，去总统府请愿，营救被拘捕的戏剧专科学校同学，遭到国民党军警残忍的殴打，腹、背、内脏皆受重伤，当场昏厥。在医院，他忍受着极大的痛苦，安慰前来探望他的亲人、老师和同学，表现得非常乐观开朗。

遗憾的是，因伤势过重，成贻宾于4月19日上午停止了呼吸。4天后，人民解放军百万雄师渡过长江，把红旗插上了总统府，南京解放。

后记

《风雨百年雨花魂——雨花英烈斗争剪影》一书是在《南京日报》“风雨百年雨花魂”专栏基础上汇编而成。该专栏是由南京市雨花台烈士陵园管理局携手南京报业传媒集团为献礼中国共产党成立100周年而设立，自2020年7月至2021年7月连续刊发100篇文章，并被主流媒体多方转载，为新时代开展理想信念教育，推动党史学习教育常态化、长效化提供了生动而丰厚的历史滋养。本书精选82篇专栏文章，以细腻的笔触讲述了82位雨花英烈革命生涯中的重要史实，围绕烈士成长、斗争事迹，结合烈士文物、书信、诗词、话语及相关回忆录等史料展开叙述，展现了雨花英烈的崇高理想信念、高尚道德情操、为民牺牲的大无畏精神。

本书由中共南京市委宣传部指导，南京市雨花台烈士陵园管理局、雨花台红色文化研究院编撰出版，具体工作由雨花英烈研究院承担。向媛华统筹全书的整体编撰出版；南京市雨花台烈士陵园管理局青年研究人员参与文稿撰写；《南京日报》编辑李子俊参与稿件修改与完善；雨花英烈研究院编辑研究室人员进行全书编辑审校。中共南京市委党史工作办公室对全书进行了审读，在此致谢。

由于我们水平所限，难免有疏漏和不到之处，敬请读者批评指正。

编　者

2023年2月